어휘로 잡아라

빵빵 독해

초등 과학 2

글 신동경 | 그림 홍원표, 조승연

웅진주니어

이 책의 특징

❝ 어휘를 알면 독해가 쉽다! 어휘력을 빵빵하게 키워 독해를 쉽게 할 수 있습니다.

글을 읽고도 무슨 뜻인지 모르는 이유가 무엇일까요? 글을 읽고 그 내용을 이해하는 능력인 독해력이 부족하기 때문입니다. 독해력은 문장을 읽고 이해하는 능력인 문해력과도 연결됩니다. 문해력을 기르려면 어휘력이 바탕이 되어야 합니다. 『어휘로 잡는 빵빵 독해』에서는 어휘의 의미와 쓰임을 다양한 상황으로 구성해 보여 줌으로써 아이들이 어휘를 쉽게 이해할 수 있게 하였습니다. 또한 이렇게 익힌 어휘를 짧은 문장으로 확인하는 문제를 통해 문해력을 키우고 긴 글까지 확장해 이해할 수 있도록 하였습니다.

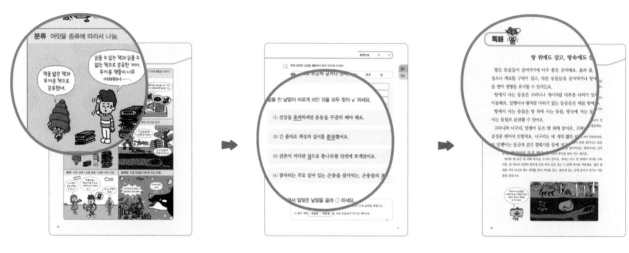

❝ 초등 교과와 연계한 독해 프로그램으로, 교과 지식을 넓힐 수 있습니다.

초등 과학 교과서에 나오는 주제로 구성된 다양한 지문을 통해 독해 능력을 키우고 교과 공부에 필요한 기초 지식도 키울 수 있도록 하였습니다. 또 '교과서 속 책 읽기'를 통해 초등 및 중등 국어 교과서에 나오는 지문을 미리 읽어 보는 경험을 할 수 있습니다.

주	일차	학습 주제	주	일차	학습 주제
1주 동물	1	땅에서 사는 동물	3주 생태계	1	우리 주변의 다양한 생물들
	2	물에서 사는 동물		2	생태계 구성
	3	하늘을 나는 새		3	생물의 먹이 관계
	4	곤충의 한살이		4	생물의 적응
	5	동물의 한살이		5	환경 변화와 생태계
2주 식물	1	식물의 한살이	4주 우리 몸	1	운동 기관
	2	식물의 서식지		2	소화 기관
	3	식물의 뿌리와 줄기		3	호흡 기관
	4	식물의 잎		4	순환 기관과 배설 기관
	5	식물의 꽃과 열매		5	자극과 반응
교과서 속 책 읽기			교과서 속 책 읽기		

한 번에 끝내자! 오늘 학습은 오늘 끝내는 성취감을 느낄 수 있습니다.

어휘와 독해를 하루에 하나씩! 1주 6일, 4주 한 권 완성으로 학습 성취감을 높입니다. 부담 없이 학습할 수 있도록 쉽고 간결하게 구성하였으며, 날마다 학습한 날짜를 기록하면서 아이 스스로 꾸준히 학습할 수 있도록 하였습니다.

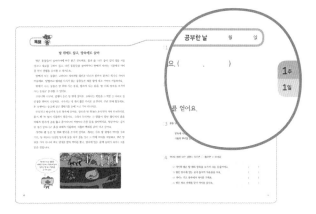

친근한 빵 친구들이 어휘와 독해 학습의 재미를 높여 줍니다.

또띠
똑소리 나는 토르티야. 아는 것이 많고 생각도 많다. 모르는 게 있으면 빨리 알아봐야 직성이 풀리는 성격. 그래서 머리에 항상 돋보기, 스마트폰 등을 넣고 다닌다.

빵이
푸근한 식빵. 웃음이 많다. 감정이 풍부하여 잘 웃고, 부끄러움을 잘 탄다. 새로운 사실을 알았을 때는 얼굴이 부풀었다 쭈그러들었다를 반복한다.

핫또야
장난꾸러기 핫도그. 심심한 걸 견디지 못해 케첩 같은 소스를 뿌려 대며 말썽을 일으키기도 하지만 악의는 없다.

롱이
수다쟁이 마카롱. 무조건 아는 척을 잘하며 모든 일을 참견하고 싶어 이곳저곳을 기웃거린다.

소라
수줍음이 많은 소라빵. 호기심도 많다. 무엇인가 골똘히 생각할 때는 커다란 모자에 몸을 숨기기도 하고, 놀라면 모자가 들썩이는 등 과한 리액션이 매력이다.

꽈리
투덜이 꽈배기. 무슨 일이든지 일단 투덜거리고 본다. 싫을수록 몸이 더 배배 꼬이고, 몸에 묻은 설탕을 털면서 온몸으로 거부한다.

이 책의 구성과 활용 방법

말풍선: 먼저 어휘의 뜻을 읽고, 만화를 통해 어휘가 어떻게 사용되는지 확인해 봐.

말풍선: 어휘를 익힌 뒤 바로 문제를 풀며 어휘의 뜻을 잘 알고 있는지 확인해 봐.

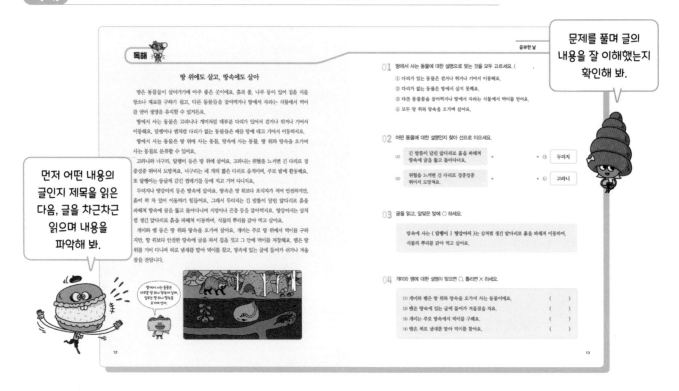

말풍선: 먼저 어떤 내용의 글인지 제목을 읽은 다음, 글을 차근차근 읽으며 내용을 파악해 봐.

말풍선: 문제를 풀며 글의 내용을 잘 이해했는지 확인해 봐.

복습 한 주 동안 배운 내용을 낱말 퍼즐, 사다리 타기, 미로 등의 다양한 활동을 통해 복습합니다.

전체 학습 분량 중
완료한 학습량

학습한 어휘 수

학습한 지문 수

헷갈리거나 모르는 것이 있으면 앞으로 돌아가 내용을 확인한 뒤 문제를 풀어 봐.

왼쪽 면은 어휘를, 오른쪽 면은 독해 내용을 확인하는 활동으로 구성되어 있어.

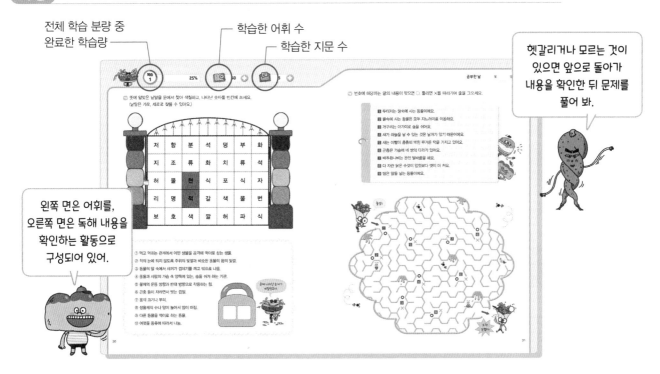

교과서 속 책 읽기 초등 및 중등 국어 교과서에 나오는 다양한 유형의 지문을 읽고 내용을 파악합니다.

학습 주제와 관련된 교과서에 나오는 지문을 읽으며 내용을 파악해 봐.

지문의 내용을 잘 파악했는지 간단한 문제를 풀며 확인해 봐.

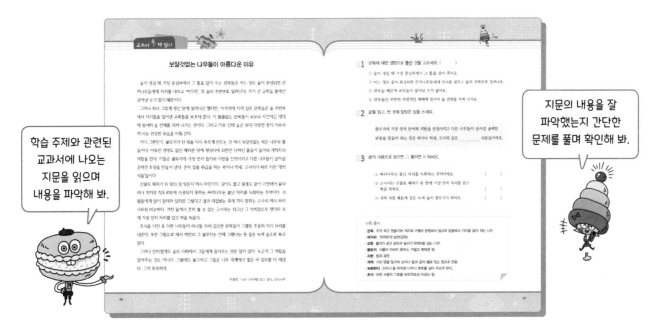

해답 어휘, 독해, 복습, 교과서 속 책 읽기 문제의 해답을 확인합니다.

찾아보기 헷갈리거나 모르는 어휘를 찾아봅니다.

차례

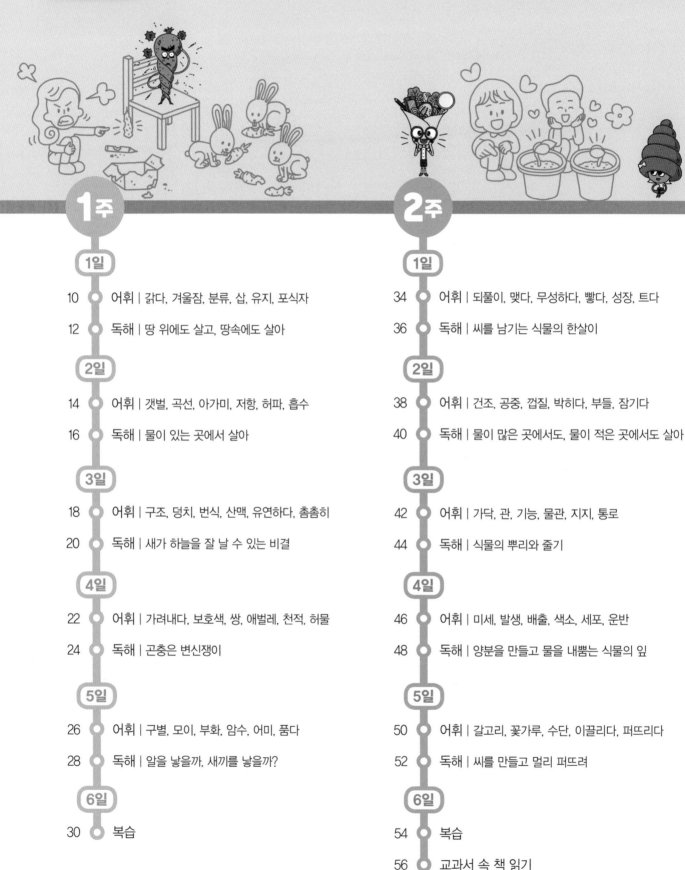

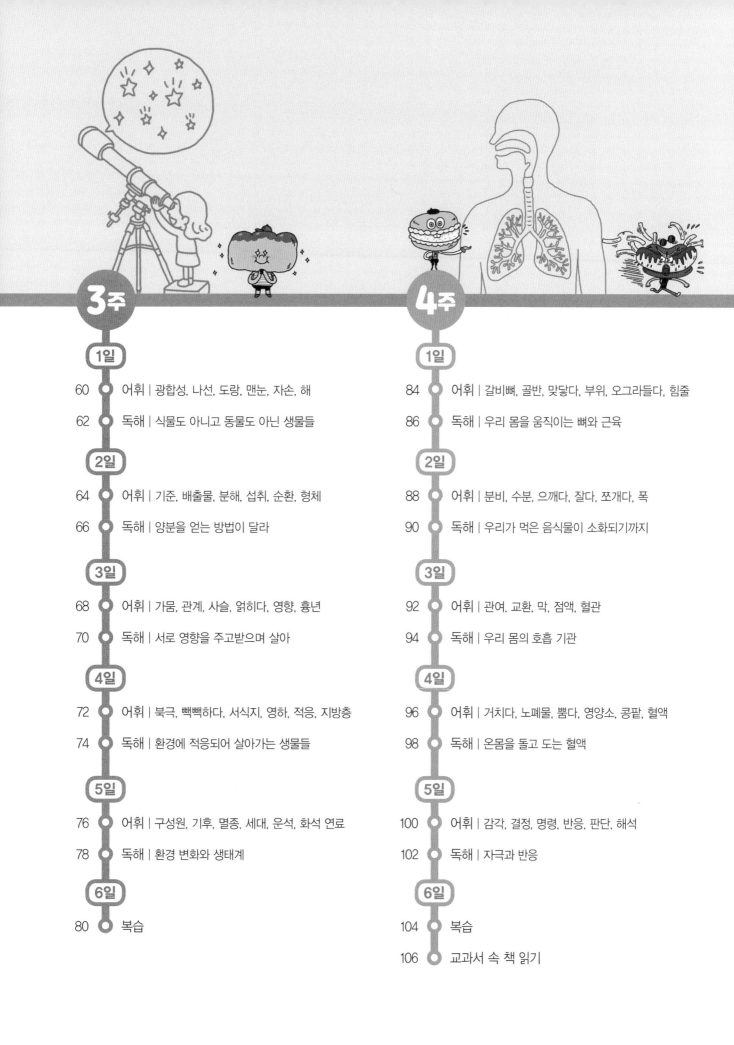

1주 동물

1일

어휘 | 갉다, 겨울잠, 분류, 삽, 유지, 포식자
독해 | 땅 위에도 살고, 땅속에도 살아

2일

어휘 | 갯벌, 곡선, 아가미, 저항, 허파, 흡수
독해 | 물이 있는 곳에서 살아

3일

어휘 | 구조, 덩치, 번식, 산맥, 유연하다, 촘촘히
독해 | 새가 하늘을 잘 날 수 있는 비결

5일

어휘 | 구별, 모이, 부화, 암수, 어미, 품다
독해 | 알을 낳을까, 새끼를 낳을까?

4일

어휘 | 가려내다, 보호색, 쌍, 애벌레, 천적, 허물
독해 | 곤충은 변신쟁이

6일

복습

갉다 날카로운 것으로 조금씩 긁거나 뜯다.

겨울잠 동물이 겨울을 나기 위해 활동을 멈추고 겨울철 동안 자는 잠.

분류 여럿을 종류에 따라서 나눔.

삽 땅을 파고 흙을 푸는 데 쓰는 도구.

유지 어떤 상태나 상황 등을 그대로 이어 나감.

포식자 다른 동물을 먹이로 하는 동물.

01 뜻에 알맞은 낱말을 보기 에서 찾아 빈칸에 쓰세요.

보기	겨울잠	갉다	유지	포식자	분류	삽

(1) 여럿을 종류에 따라서 나눔. ………………………… [　　　]

(2) 땅을 파고 흙을 푸는 데 쓰는 도구. ……………… [　　　]

(3) 다른 동물을 먹이로 하는 동물. …………………… [　　　]

(4) 어떤 상태나 상황 등을 그대로 이어 나감. …… [　　　]

(5) 동물이 겨울을 나기 위해 활동을 멈추고 겨울철 동안 자는 잠. …… [　　　]

(6) 날카로운 것으로 조금씩 긁거나 뜯다. ………… [　　　]

02 밑줄 친 낱말이 바르게 쓰인 것을 모두 찾아 ✔ 하세요.

(1) 건강을 <u>유지</u>하려면 운동을 꾸준히 해야 해요. [　　]

(2) 긴 줄자로 책상의 길이를 <u>분류</u>했어요. [　　]

(3) 삼촌이 커다란 <u>삽</u>으로 통나무를 단번에 쪼개었어요. [　　]

(4) 잠자리는 주로 살아 있는 곤충을 잡아먹는, 곤충들의 <u>포식자</u>예요. [　　]

03 [　　] 안에서 알맞은 낱말을 골라 ○ 하세요.

"
(1) 농부들이 벼를 | 부려 | 갉아 | 먹는 해충을 없애려고 논에 농약을 뿌렸어요.

(2) 봄이 되면 | 겨울잠 | 여름잠 | 을 자던 동물들이 하나둘 깨어나요.
"

땅 위에도 살고, 땅속에도 살아

땅은 동물들이 살아가기에 아주 좋은 곳이에요. 흙과 풀, 나무 등이 있어 집을 지을 장소나 재료를 구하기 쉽고, 다른 동물들을 잡아먹거나 땅에서 자라는 식물에서 먹이를 얻어 생명을 유지할 수 있거든요.

땅에서 사는 동물은 고라니나 개미처럼 대부분 다리가 있어서 걷거나 뛰거나 기어서 이동해요. 달팽이나 뱀처럼 다리가 없는 동물들은 배를 땅에 대고 기어서 이동하지요.

땅에서 사는 동물은 땅 위에 사는 동물, 땅속에 사는 동물, 땅 위와 땅속을 오가며 사는 동물로 분류할 수 있어요.

고라니와 너구리, 달팽이 등은 땅 위에 살아요. 고라니는 위협을 느끼면 긴 다리로 겅중겅중 뛰어서 도망쳐요. 너구리는 네 개의 짧은 다리로 움직이며, 주로 밤에 활동해요. 또 달팽이는 둥글게 감긴 껍데기를 등에 지고 기어 다니지요.

두더지나 땅강아지 등은 땅속에 살아요. 땅속은 땅 위보다 포식자가 적어 안전하지만, 흙이 꽉 차 있어 이동하기 힘들어요. 그래서 두더지는 긴 발톱이 달린 앞다리로 흙을 파헤쳐 땅속에 굴을 뚫고 돌아다니며 지렁이나 곤충 등을 잡아먹지요. 땅강아지는 삽처럼 생긴 앞다리로 흙을 파헤쳐 이동하며, 식물의 뿌리를 갉아 먹고 살아요.

개미와 뱀 등은 땅 위와 땅속을 오가며 살아요. 개미는 주로 땅 위에서 먹이를 구하지만, 땅 위보다 안전한 땅속에 굴을 파서 집을 짓고 그 안에 먹이를 저장해요. 뱀은 땅 위를 기어 다니며 혀로 냄새를 맡아 먹이를 찾고, 땅속에 있는 굴에 들어가 쉬거나 겨울잠을 잔답니다.

땅에서 사는 동물은 대부분 땅 위나 땅속에 살며, 일부는 땅 위나 땅속을 오가며 살아.

01 땅에서 사는 동물에 대한 설명으로 맞는 것을 모두 고르세요. (,   )

① 다리가 있는 동물은 걷거나 뛰거나 기어서 이동해요.

② 다리가 없는 동물은 땅에서 살지 못해요.

③ 다른 동물들을 잡아먹거나 땅에서 자라는 식물에서 먹이를 얻어요.

④ 모두 땅 위와 땅속을 오가며 살아요.

02 어떤 동물에 대한 설명인지 찾아 선으로 이으세요.

(1) 긴 발톱이 달린 앞다리로 흙을 파헤쳐 땅속에 굴을 뚫고 돌아다녀요.   •

  • ㉠ 두더지

(2) 위협을 느끼면 긴 다리로 겅중겅중 뛰어서 도망쳐요.   •

  • ㉡ 고라니

03 글을 읽고, 알맞은 말에 ○ 하세요.

땅속에 사는 (달팽이 | 땅강아지)는 삽처럼 생긴 앞다리로 흙을 파헤쳐 이동하며, 식물의 뿌리를 갉아 먹고 살아요.

04 개미와 뱀에 대한 설명이 맞으면 ○, 틀리면 ✕ 하세요.

(1) 개미와 뱀은 땅 위와 땅속을 오가며 사는 동물이에요.   (   )

(2) 뱀은 땅속에 있는 굴에 들어가 겨울잠을 자요.   (   )

(3) 개미는 주로 땅속에서 먹이를 구해요.   (   )

(4) 뱀은 혀로 냄새를 맡아 먹이를 찾아요.   (   )

갯벌 바닷물이 빠졌을 때에 드러나는 넓은 진흙 벌판.

곡선 똑바르지 않고 굽은 선.

아가미 물속에서 사는 동물이 숨을 쉴 수 있게 하는 기관.

저항 물체의 운동 방향과 반대 방향으로 작용하는 힘.

허파 동물과 사람의 가슴 속 양쪽에 있는, 숨을 쉬게 하는 기관.

흡수 안이나 속으로 빨아들임.

01 ( ) 안에서 알맞은 낱말을 골라 ○ 하세요.

(1) (**허파** | **콩팥**) : 동물과 사람의 가슴 속 양쪽에 있는, 숨을 쉬게 하는 기관.

(2) (**갯벌** | **들판**) : 바닷물이 빠졌을 때에 드러나는 넓은 진흙 벌판.

(3) 아가미 : (**물속** | **땅속**)에서 사는 동물이 숨을 쉴 수 있게 하는 기관.

(4) 저항 : 물체의 운동 방향과 (**같은** | **반대**) 방향으로 작용하는 힘.

(5) (**직선** | **곡선**) : 똑바르지 않고 굽은 선.

(6) 흡수 : 안이나 속으로 (**빨아들임** | **내뱉음**).

02 빈칸에 알맞은 글자를 모두 찾아 ○ 하세요.

(1) 아이들이 스케치북에 연필로 활처럼 굽은 □□을 그렸어요.

| 사 | 곡 | 분 | 선 |

(2) 비행기는 날아갈 때 공기의 □□을 적게 받도록 만들어졌어요.

| 저 | 복 | 고 | 항 |

03 빈 곳에 알맞은 낱말을 **보기** 에서 찾아 쓰세요.

보기   흡수   허파   갯벌   아가미

(1) 사람은 _____로 숨을 쉬고, 물고기는 _____로 숨을 쉬어요.

(2) 여름철에는 땀을 잘 _____ 하는 옷을 입는 것이 좋아요.

(3) _____에서 조개를 캐다가 발이 빠져 옴짝달싹 못 하게 되었어요.

물이 있는 곳에서 살아

물이 있는 곳에는 어떤 동물들이 살까요?

강가나 호숫가 같은 물가에는 왜가리, 수달 같은 동물들이 물속에 사는 동물들을 잡아먹고 살아요. 강이나 호수, 바다 같은 물속에는 주로 물고기들이 살지요.

물고기들은 등과 배, 가슴, 꼬리 등에 달린 지느러미를 움직여 물속을 빠르게 헤엄쳐 이

▲ 사냥한 물고기를 먹는 수달

동해요. 몸의 모양이 앞부분은 곡선이고 뒷부분으로 갈수록 뾰족해지는 유선형이라서 물의 저항을 적게 받기 때문이에요. 또 물고기는 몸 양옆에 한 줄로 늘어서 있는 옆줄로 물의 흐름과 방향 등을 느낄 수 있어서 헤엄칠 때 유리하지요.

물속에 사는 동물들이 모두 물고기처럼 지느러미를 움직여 이동하는 것은 아니에요. 강에 사는 다슬기나 바다에 사는 전복처럼 바닥이나 돌에 몸을 붙이고 기어서 이동하는 동물도 있어요. 갯벌에 사는 게처럼 다리로 걸어서 이동하는 동물도 있지요.

물속에 사는 동물들은 대부분 아가미가 있어서 물속에서 숨을 쉴 수 있어요. 물이 아가미를 지나는 동안 물에 녹아 있는 산소를 흡수하고, 몸속에 있는 이산화 탄소를 몸 바깥으로 내보내면서 숨을 쉬지요. 바다에 사는 상어와 오징어, 조개와 게 등도 아가미로 숨을 쉬어요. 연못에 사는 올챙이는 아가미로 숨을 쉬면서 물속에 살다가, 다 자라 개구리가 되면 피부와 허파로 숨을 쉬면서 땅과 물을 오가며 산답니다.

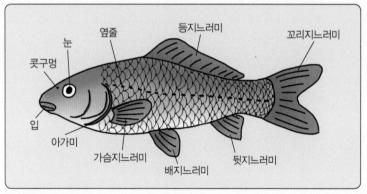

눈   옆줄   등지느러미   꼬리지느러미
콧구멍
입
아가미
가슴지느러미   배지느러미   뒷지느러미

▲ 물고기의 생김새

물고기는 생김새가 헤엄치기에 유리하게 생겼구나!

01 물고기에 대한 설명으로 <u>틀린</u> 것을 고르세요. (　　　　)

① 지느러미를 움직여 물속을 빠르게 헤엄쳐요.

② 몸의 모양이 앞부분은 곡선이고 뒷부분으로 갈수록 뾰족해지는 유선형이에요.

③ 몸 양옆에 있는 옆줄로 물의 흐름과 방향 등을 느껴요.

④ 헤엄칠 때 물의 저항을 많이 받아요.

02 물속에 사는 동물들에 대한 글을 읽고, 빈 곳에 알맞은 말을 쓰세요.

> 물속에 사는 동물들이 물속에서 숨을 쉴 수 있는 것은 대부분 _____ 가
>
> 있어서예요. 물이 _____ 를 지나는 동안 물에 녹아 있는 _____ 를
>
> 흡수하고, 몸속에 있는 이산화 탄소를 몸 바깥으로 내보내면서 숨을 쉬어요.

03 아가미로 숨을 쉬는 동물을 모두 찾아 ○ 하세요.

| 상어 | 개구리 | 수달 | 오징어 | 조개 | 왜가리 | 게 | 올챙이 |

04 물이 있는 곳에 사는 동물들에 대해 바르게 말한 친구를 모두 찾아 ○ 하세요.

수달과 왜가리는
물가에서 살아.

꽈리

바다에 사는 전복은
지느러미를 이용해 이동해.

핫또야

갯벌에 사는 게는 다리로
걸어서 이동해.

빵이

구조 여러 부분이 서로 어울려 전체를 이룸.
또는 그 짜임새.

덩치 몸의 크기나 부피.

나 화장실! 아, 급해!

건물 안내도
현 위치
화장실

화장실에 가려면 어떻게 가야 하는 거야?

건물 구조가 왜 이렇게 복잡해.

코끼리는 덩치가 너무 커서 무서워.

하지만 긴 코를 위로 들고 있을 때는 귀여워.

번식 생물체의 수나 양이 늘어서 많이 퍼짐.

산맥 여러 산들이 길게 이어져 큰 줄기를 이루고 있는 것.

이 메주에 곰팡이가 가장 많이 번식했어.

헉!

메주에 곰팡이가 잘 번식해야 장이 더 맛있대.

나, 태백산맥은 우리나라에서 가장 큰 산맥이야. 금강산, 오대산, 설악산 같은 높은 산들이 솟아 있지.

최고!

유연하다 부드럽고 연하다.

촘촘히 틈이나 간격이 매우 좁거나 작게.

이렇게 해 봐. 어렵지 않아.

난 너처럼 유연하지 않아서 힘들다고!

쑥!

덜
덜

이쪽 잔디 인형 머리에는 잔디가 듬성듬성 자랐어.

물을 잘 주면 곧 이렇게 촘촘히 자랄 거야.

01 낱말과 그 뜻이 바르게 짝 지어진 것을 모두 찾아 ✔ 하세요.

(1) 덩치 – 몸의 크기나 부피. ☐

(2) 구조 – 여러 부분이 서로 어울려 전체를 이룸. 또는 그 짜임새. ☐

(3) 산맥 – 여러 산들이 길게 이어져 큰 줄기를 이루고 있는 것. ☐

(4) 촘촘히 – 틈이나 간격이 매우 넓거나 크게. ☐

(5) 유연하다 – 부드럽지 않고 단단하다. ☐

(6) 번식 – 생물체의 수나 양이 줄어서 거의 사라짐. ☐

02 밑줄 친 낱말을 바르게 사용한 친구를 모두 찾아 ○ 하세요.

추운 날씨에 강물이 **유연하게** 얼어붙었어.

꽈리

고슴도치 등에는 가시 같은 털이 **촘촘히** 나 있어.

소라

내 짝꿍은 **덩치**가 크고 목소리가 우렁차.

핫또야

03 빈칸에 알맞은 낱말을 찾아 선으로 이으세요.

(1) 습도가 높으면 세균이 쉽게 ☐을 해요. •   • ㉠ 구조

(2) 우리나라에는 산봉우리들이 연속적으로 이어져 있는 ☐이 많아요. •   • ㉡ 산맥

(3) 이 집은 거실과 주방이 마주 보는 ☐예요. •   • ㉢ 번식

새가 하늘을 잘 날 수 있는 비결

새는 하늘을 날 수 있어요. 하늘을 날 수 있다는 것은 엄청난 능력이에요. 땅이나 물에 사는 동물들이 갈 수 없는 곳을 마음대로 갈 수 있거든요. 두루미는 겨울을 나기 위해 높은 산맥을 넘기도 하고, 기러기는 봄이 되면 번식을 위해 먹이가 많은 먼 북극 지역까지 날아가지요.

이렇게 새가 하늘을 날 수 있는 것은 날개가 있기 때문이에요. 새의 날개는 가볍지만 강하고 매우 유연해요. 새는 날개 모양이 끝부분으로 갈수록 약간 휘어져서 잘 날아오를 수 있으며, 날개를 이루는 매끈한 깃털 덕분에 공중에서 균형을 잡고 앞으로 나아갈 수 있어요.

하늘을 잘 날려면 몸이 가벼워야 해요. 그래서 하늘을 나는 새들은 뼈 속이 거의 비어 있고, 이빨이 촘촘히 박힌 무거운 턱 대신에 가벼운 부리를 가지고 있어요. 또 몸속 여기저기에는 공기를 한꺼번에 저장할 수 있는 '기낭'이라고 부르는 공기주머니도 있는데, 이런 몸의 구조 덕분에 새는 덩치에 비해 몸무게가 가벼워요. 예를 들면, 큰고니는 덩치가 비슷한 포유동물보다 몸무게가 가볍지요.

하늘을 날 때에는 아주 많은 에너지가 필요해요. 그래서 새들은 씨앗이나 곤충, 고기 같은 영양이 많은 먹이를 먹어요. 먹이를 먹으면 몸이 무거워지겠지요? 새들은 먹이의 영양분을 재빨리 흡수하고 나머지는 몸 밖으로 빨리 내보내요. 몸속에 배설물을 오래 담아 두지 않는 것도 새들이 하늘을 잘 날기 위한 방법인 것이지요.

▲ 하늘을 날아가는 기러기

새의 뼈 속을 확대한 거야.

01 어떤 새에 대한 설명인지 보기 에서 찾아 빈 곳에 쓰세요.

보기	두루미	기러기

(1) _____ 는 봄이 되면 번식을 위해 먹이가 많은 먼 북극 지역까지 날아가요.

(2) _____ 는 겨울을 나기 위해 높은 산맥을 넘기도 해요.

02 새에 대한 글을 읽고, 알맞은 말에 ○ 하세요.

새는 (가볍고 | 무겁고) 매우 유연한 날개를 가지고 있어요. 또 영양이 많은 먹이를 먹으며, 먹이의 영양분을 재빨리 흡수하고 나머지는 몸 밖으로 (천천히 | 빨리) 내보내요.

03 하늘을 나는 새의 몸이 가벼운 이유를 모두 고르세요. (,   )

① 뼈 속이 거의 비어 있기 때문이에요.

② 이빨이 촘촘히 박힌 턱을 가지고 있기 때문이에요.

③ 몸속 여기저기에 기낭이라는 공기주머니가 있기 때문이에요.

④ 영양이 많은 먹이를 많이 먹기 때문이에요.

04 새가 하늘을 잘 날 수 있는 비결이 맞으면 ○, 틀리면 ✕ 하세요.

(1) 날개가 있기 때문이에요.   (   )

(2) 몸이 가볍기 때문이에요.   (   )

(3) 몸속에 배설물을 오래 담아 두기 때문이에요.   (   )

가려내다 여럿 가운데서 어떤 것을 골라내다.

보호색 적의 눈에 띄지 않도록 주위의 빛깔과 비슷한 동물의 몸의 빛깔.

쌍 둘을 하나로 묶어 세는 단위.

애벌레 알에서 나온 후 아직 다 자라지 아니한 벌레.

천적 먹고 먹히는 관계에서 어떤 생물을 공격해 먹이로 삼는 생물.

허물 곤충 등이 자라면서 벗는 껍질.

01 뜻에 알맞은 낱말이 되도록 글자를 모두 찾아 ○ 하세요.

(1) 곤충 등이 자라면서 벗는 껍질.

| 그 | 허 | 이 | 모 | 물 |

(2) 알에서 나온 후 아직 다 자라지
아니한 벌레.

| 애 | 어 | 벌 | 른 | 레 |

(3) 둘을 하나로 묶어 세는 단위.

| 개 | 쌈 | 쌍 | 권 | 짝 |

02 낱말에 대한 설명이 맞으면 ○, 틀리면 ✕ 하세요.

(1) '가려내다'는 여럿 가운데서 어떤 것을 골라내는 것을 말해요.   (   )

(2) '보호색'은 적의 눈에 띄지 않도록 주위의 빛깔과 비슷한 동물의 몸의
빛깔을 말해요.   (   )

(3) '천적'은 먹고 먹히는 관계에서 어떤 생물의 먹이가 되는 생물을 말해요. (   )

03 (   ) 안에서 알맞은 낱말을 골라 ○ 하세요.

(1) 장수풍뎅이 애벌레는 자라면서 (솜털 | 허물)을 벗어요.

(2) 회사에서 시험을 통해 합격자를 (가려내었어요 | 밝혀내었어요).

(3) 참새 한 (쌍 | 벌)이 전깃줄에 나란히 앉아 있어요.

(4) 알에서 갓 나온 (번데기 | 애벌레)가 나뭇잎을 갉아 먹어요.

(5) 뱀은 개구리의 (천적 | 친척)이에요.

(6) 배추흰나비 애벌레는 주변 환경과 비슷한 색깔로 (자연색 | 보호색)을 띠어요.

곤충은 변신쟁이

우리 주변에서 흔히 볼 수 있는 나비와 거미 중에서 곤충을 가려낼 수 있나요? 곤충은 몸이 머리, 가슴, 배 세 부분으로 나뉘고, 가슴에 세 쌍의 다리가 있어요. 나비가 그러하지요. 그런데 거미는 몸이 머리가슴과 배로 나뉘고, 다리가 네 쌍이에요. 따라서 나비는 곤충이고, 거미는 곤충이 아니에요.

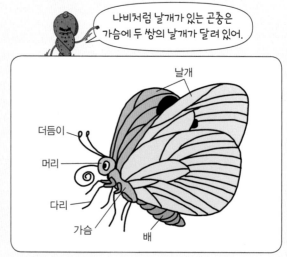

나비처럼 날개가 있는 곤충은 가슴에 두 쌍의 날개가 달려 있어.

날개
더듬이
머리
다리
가슴
배

▲ 곤충의 생김새

곤충은 알에서 어른벌레가 될 때까지의 한살이 과정에서 모습과 크기가 여러 번 바뀌어요. 배추흰나비의 한살이를 살펴볼까요?

배추흰나비 암컷이 배춧잎 뒷면에 알을 낳고 며칠이 지나면 애벌레가 알껍데기를 뚫고 밖으로 나와요. 연노란색이던 애벌레는 초록색 배춧잎을 먹으면서 점점 초록색으로 변해요. 천적의 눈에 띄지 않도록 보호색을 띠는 것이에요. 애벌레는 자라는 동안 허물을 네 번 벗어요. 그러고는 입에서 실을 뽑아 나뭇가지에 몸을 묶고 또 허물을 벗은 다음 번데기가 되지요.

시간이 지나면 번데기의 등 부분이 갈라지면서 날개를 단 배추흰나비 어른벌레가 나오는데, 이렇게 번데기에서 날개가 있는 어른벌레가 나오는 것을 '날개돋이'라고 해요. 날개돋이를 끝낸 배추흰나비 어른벌레는 날개가 마르면 하늘로 날아올라요. 그리고 짝을 찾아 짝짓기를 하고, 암컷이 배춧잎에 알을 낳으면 또다시 한살이가 시작되지요.

곤충의 한살이에서 배추흰나비나 사슴벌레처럼 알, 애벌레, 번데기, 어른벌레의 단계를 거치는 것을 '완전 탈바꿈'이라고 해요. 또 번데기 단계가 없이 알, 애벌레, 어른벌레의 단계를 거치는 것을 '불완전 탈바꿈'이라고 하지요. 잠자리나 방아깨비 등이 불완전 탈바꿈을 하는 곤충이랍니다.

01 곤충에 대한 설명으로 맞는 것을 모두 고르세요. (　　　　.　　　　)

① 곤충의 몸은 머리, 가슴, 배 세 부분으로 나뉘어요.

② 가슴에 네 쌍의 다리가 있어요.

③ 나비와 거미는 둘 다 곤충이에요.

④ 알에서 어른벌레가 될 때까지 모습과 크기가 여러 번 바뀌어요.

02 배추흰나비 한살이 과정의 순서대로 기호를 쓰세요.

　㉠ 입에서 실을 뽑아 나뭇가지에 몸을 묶고 번데기가 되어요.

　㉡ 번데기의 등 부분이 갈라지면서 날개를 단 어른벌레가 나와요.

　㉢ 알에서 애벌레가 나와요.

　㉣ 애벌레가 허물을 네 번 벗으면서 자라요.

(　　　　→　　　　→　　　　→　　　　)

03 번데기에서 날개가 있는 어른벌레가 나오는 것을 무엇이라고 하는지 쓰세요.

　　　　　　　　　　　　　　　　　

04 곤충에 대한 글을 읽고, 빈 곳에 알맞은 말을 쓰세요.

　(1) 배추흰나비나 사슴벌레처럼 알, 애벌레, 번데기, 어른벌레의 단계를 거치는 것을

　　　＿＿＿＿＿＿ 탈바꿈이라고 해요.

　(2) 잠자리나 방아깨비처럼 번데기 단계가 없이 알, 애벌레, 어른벌레의 단계를 거치는

　　　것을 ＿＿＿＿＿＿ 탈바꿈이라고 해요.

구별 성질이나 종류에 따라 갈라놓음.

모이 날개가 있는 짐승의 먹이.

부화 동물의 알 속에서 새끼가 껍데기를 깨고 밖으로 나옴.

암수 암컷과 수컷.

어미 새끼를 낳은 암컷.

품다 품속에 넣거나 가슴에 대어 안다.

26

01 뜻에 알맞은 낱말을 보기 에서 찾아 (　　) 안에 기호를 쓰세요.

보기　　㉠ 암수　　㉡ 어미　　㉢ 품다　　㉣ 모이　　㉤ 부화　　㉥ 구별

(1) 날개가 있는 짐승의 먹이.　　　　　　　　　　　　　　　　(　　　)

(2) 품속에 넣거나 가슴에 대어 안다.　　　　　　　　　　　　(　　　)

(3) 동물의 알 속에서 새끼가 껍데기를 깨고 밖으로 나옴.　　(　　　)

(4) 성질이나 종류에 따라 갈라놓음.　　　　　　　　　　　　(　　　)

(5) 암컷과 수컷.　　　　　　　　　　　　　　　　　　　　　　(　　　)

(6) 새끼를 낳은 암컷.　　　　　　　　　　　　　　　　　　　　(　　　)

02 빈칸에 알맞은 낱말을 찾아 선으로 이으세요.

(1) 펭귄은 □ 한 쌍이 함께 알을 돌보아요.　　　　　　•　　　　•　㉠　어미

(2) 이 바지는 남녀 □ 없이 입을 수 있는 옷이에요.　　　•　　　　•　㉡　암수

(3) □ 소가 송아지에게 젖을 먹여요.　　　　　•　　　　•　㉢　구별

03 (　　) 안에 알맞은 낱말을 보기 에서 찾아 기호를 쓰세요.

보기　　㉠ 품고　　㉡ 모이　　㉢ 부화

(1) 닭장에서 암탉이 알을 (　　　) 있대.

(2) 아까 그 알에서 병아리가 (　　　)했어.

(3) 내일은 병아리한테 (　　　) 주러 가야겠다.

알을 낳을까, 새끼를 낳을까?

동물들은 대부분 암수가 짝짓기를 해서 번식을 해요. 알을 낳거나 새끼를 낳지요.

배추흰나비처럼 닭은 알을 낳는 동물이에요. 어미 닭이 알을 낳고 3주 정도 품으면 병아리가 부화해요. 부화한 지 하루가 된 병아리는 몸이 부드러운 솜털로 덮여 있어요. 서로 비슷하게 생겨 암수 구별이 어렵지요. 병아리는 한 달 정도 어미 닭을 따라다니며 모이를 먹고 자라면 솜털이 깃털로 바뀌면서 큰 병아리가 되어요. 다섯 달쯤 더 지나면 이마와 턱에는 볏이, 꽁무니에는 큰 꽁지깃이 길게 나면서 다 자라요. 다 자란 닭은 수컷이 암컷보다 볏이 더 크고 꽁지깃도 더 길어요. 또 암컷은 알을 낳을 수 있지요.

닭 같은 새는 물론이고, 금붕어, 개구리, 뱀 등도 알을 낳는 동물이에요. 알의 수와 크기, 모양도 다르고, 다 자랄 때까지 저마다 다른 과정을 거치지요.

개는 새끼를 낳는 동물이에요. 어미 개에게서 갓 태어난 강아지는 보지도 듣지도 걷지도 못하고 주로 어미젖을 먹기만 해요. 그러다 두 달쯤 뒤에는 이가 나서 먹이를 씹어 먹을 수 있는 큰 강아지가 되고, 태어난 지 일 년쯤 지나면 다 자란 개가 되지요. 다 자란 개는 새끼 때와 모습이 비슷해요.

사람을 비롯해 고양이, 말 등도 새끼를 낳는 동물이에요. 강아지와 개처럼 새끼와 어미의 모습이 비슷하며 어미가 젖을 먹여 새끼를 길러요. 또 새끼가 다 자랄 때까지 어미가 돌본답니다.

▲ 닭의 한살이 과정

01   닭의 한살이 과정을 읽고, 빈 곳에 알맞은 말을 쓰세요.

(1) 알에서 부화한 지 하루가 된 병아리는 몸이 부드러운 _____로 덮여 있어요.

(2) 병아리는 한 달 정도 지나면 솜털이 _____로 바뀌며 큰 병아리가 되어요.

(3) 큰 병아리는 다섯 달쯤 더 지나면 이마와 턱에는 _____이, 꽁무니에는

   큰 _____이 길게 나면서 다 자라요.

02   병아리와 닭에 대한 설명으로 맞는 것을 모두 고르세요. (,   )

① 병아리는 암수 구별이 쉽지만, 닭은 암수 구별이 어려워요.

② 병아리는 어미 닭을 따라다니며 모이를 먹고 자라요.

③ 다 자란 암컷은 수컷보다 볏이 더 크고 꽁지깃도 더 길어요.

④ 다 자란 암컷은 알을 낳을 수 있어요.

03   강아지와 다 자란 개에 대해 틀리게 말한 친구를 찾아 ○ 하세요.

갓 태어난 강아지는
어미젖을 먹어.
빵이

강아지는 태어난 지
일 년쯤 지나면 다 자라.
소라

다 자란 개는 새끼 때와
모습이 전혀 달라.
핫또야

04   알을 낳는 동물과 새끼를 낳는 동물을 보기 에서 모두 찾아 기호를 쓰세요.

보기   ㉠ 말   ㉡ 개구리   ㉢ 금붕어   ㉣ 고양이   ㉤ 사람   ㉥ 뱀

(1) 알을 낳는 동물 (,   ,   )   (2) 새끼를 낳는 동물 (,   ,   )

뜻에 알맞은 낱말을 문에서 찾아 색칠하고, 나타난 숫자를 빈칸에 쓰세요.
(낱말은 가로, 세로로 찾을 수 있어요.)

저	항	분	석	덩	부	화
지	조	류	화	치	류	석
허	물	천	식	포	식	자
리	명	적	갈	색	물	번
보	호	색	깔	허	파	식

① 먹고 먹히는 관계에서 어떤 생물을 공격해 먹이로 삼는 생물.

② 적의 눈에 띄지 않도록 주위의 빛깔과 비슷한 동물의 몸의 빛깔.

③ 동물의 알 속에서 새끼가 껍데기를 깨고 밖으로 나옴.

④ 동물과 사람의 가슴 속 양쪽에 있는, 숨을 쉬게 하는 기관.

⑤ 물체의 운동 방향과 반대 방향으로 작용하는 힘.

⑥ 곤충 등이 자라면서 벗는 껍질.

⑦ 몸의 크기나 부피.

⑧ 생물체의 수나 양이 늘어서 많이 퍼짐.

⑨ 다른 동물을 먹이로 하는 동물.

⑩ 여럿을 종류에 따라서 나눔.

문에 나타난 숫자가 비밀번호야.

번호에 해당하는 글의 내용이 맞으면 ○, 틀리면 ✕를 따라가며 줄을 그으세요.

1 두더지는 땅속에 사는 동물이에요.

2 물속에 사는 동물은 모두 지느러미로 이동해요.

3 개구리는 아가미로 숨을 쉬어요.

4 새가 하늘을 날 수 있는 것은 날개가 있기 때문이에요.

5 새는 이빨이 촘촘히 박힌 무거운 턱을 가지고 있어요.

6 곤충은 가슴에 네 쌍의 다리가 있어요.

7 배추흰나비는 완전 탈바꿈을 해요.

8 다 자란 닭은 수컷이 암컷보다 볏이 더 커요.

9 뱀은 알을 낳는 동물이에요.

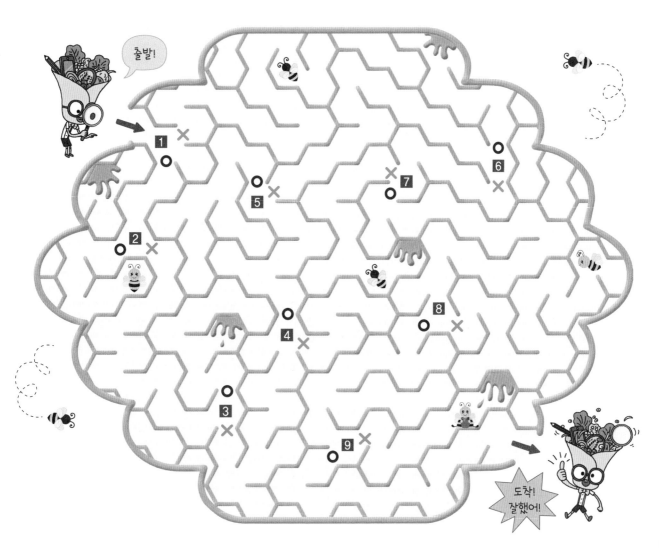

2주 식물

5일

어휘 | 갈고리, 꽃가루, 수단, 이끌리다, 퍼뜨리다
독해 | 씨를 만들고 멀리 퍼뜨려

4일

어휘 | 미세, 발생, 배출, 색소, 세포, 운반
독해 | 양분을 만들고 물을 내뿜는 식물의 잎

6일

복습
교과서 속 책 읽기

되풀이 같은 말이나 일을 자꾸 반복함.

앵무새가 내 말을 따라 해.

우아!

따라 해!

따라 해!

따라 해!

이 앵무새는 사람 말을 따라 되풀이하는 걸 잘합니다.

맺다 열매나 꽃 등이 생겨나거나 그것을 이루다.

복숭아나무가 열매를 주렁주렁 맺었어.

조금 더 기다렸다가 잘 익으면 따 먹어야지.

무성하다 풀이나 나무 등이 자라서 공간을 빽빽하게 메우고 있다.

내가 있는 걸 어떻게 알았지?

저렇게 풀이 무성한 곳에는 뱀이 있을 수 있어. 조심해야 해.

빻다 방망이 등으로 내리쳐서 부수거나 가루로 만들다.

할머니, 왜 우셔요?

고추를 빻아 고춧가루를 만들고 있는데, 너무 맵다!

훌쩍!

성장 사람이나 동식물 등이 자라서 점점 커짐.

일 년 만에 그렇게 빨리 성장한 비결이 뭐야?

골고루 먹고, 충분히 자고, 꾸준히 운동했지!

트다 식물의 싹, 순 등이 나오거나 벌어지다.

드디어 강낭콩에서 싹이 텄어!

귀엽다!

싹이 안 나와서 걱정했는데, 다행이다!

34

01 (   ) 안에서 알맞은 낱말을 골라 ○ 하세요.

(1) 맺다: (**뿌리** | **열매**)나 꽃 등이 생겨나거나 그것을 이루다.

(2) (**성장** | **보장**): 사람이나 동식물 등이 자라서 점점 커짐.

(3) 되풀이: 같은 말이나 일을 자꾸 (**반복함** | **그만함**).

(4) (**무리하다** | **무성하다**): 풀이나 나무 등이 자라서 공간을 빽빽하게 메우고 있다.

(5) (**빻다** | **뭉치다**): 방망이 등으로 내리쳐서 부수거나 가루로 만들다.

(6) 트다: 식물의 싹, 순 등이 (**나오거나** | **시들거나**) 벌어지다.

02 빈칸에 알맞은 낱말을 찾아 선으로 이으세요.

(1) 이 숲에는 크고 아름다운 나무들이 ☐.   •   • ㉠ 되풀이

(2) 이 춤은 똑같은 동작을 ☐하는 것이 특징이에요.   •   • ㉡ 빻아

(3) 봄에 심은 식물이 드디어 꽃봉오리를 ☐.   •   • ㉢ 맺었어요

(4) 떡을 만들려고 방앗간에 가서 쌀을 ☐ 왔어요.   •   • ㉣ 무성해요

03 (   ) 안에 알맞은 낱말을 보기 에서 찾아 기호를 쓰세요.

| 보기 | ㉠ 과장 | ㉡ 성장 | ㉢ 먹을 | ㉣ 틀 |

(1) 선생님께서 식물의 (   ) 과정을 자세히 가르쳐 주셨어.

(2) 날씨가 따뜻하니 머지않아 나뭇가지에서 싹이 (   ) 거야.

씨를 남기는 식물의 한살이

우리는 벼나 밀, 강낭콩 같은 식물의 씨를 먹어요. 쌀은 벼의 씨이며, 밀가루는 밀의 씨를 빻은 것이지요. 사람들이 씨를 먹는 것은 씨 안에 영양분이 많이 들어 있어서예요. 강낭콩을 반으로 쪼개면 뿌리, 줄기, 잎이 될 부분인 배가 보이고 그 주변으로 떡잎이 있는데, 이 떡잎에 싹이 틀 때 필요한 영양분이 저장되어 있지요.

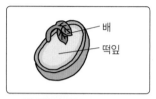

▲ 강낭콩의 구조

강낭콩을 흙에 심은 뒤 물을 적당히 주고 온도를 맞춰 주면 싹이 트기 시작해요. 먼저 뿌리가 아래로 자라고, 땅 위로 올라온 두 장의 떡잎 사이로 본잎이 나오지요.

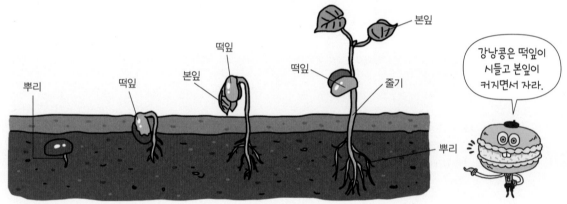

▲ 강낭콩이 싹 터서 자라는 과정

이제 강낭콩은 쑥쑥 자라요. 적당한 양의 물, 적당한 온도와 빛이 있으면 줄기가 점점 길어지고 굵어지며, 잎도 점점 넓어지고 무성해지면서 성장해요.

강낭콩에 꽃봉오리가 맺히고 꽃이 피었다 지면 그 자리에 열매가 맺히는데, 이것을 '꼬투리'라고 해요. 강낭콩 꼬투리 안에서는 씨, 그러니까 새 강낭콩이 자라요. 이 새 강낭콩이 다시 땅에 떨어지면 또 싹이 트게 되지요.

이렇게 식물은 씨에서 싹이 트고 자라서 꽃이 피고 열매를 맺어 다시 씨를 만드는 '한살이'를 되풀이해요. 식물에 따라 한살이 기간은 달라요. 강낭콩이나 호박 같은 '한해살이 식물'은 한 해 동안 싹을 틔우고 열매를 맺어 씨를 만든 뒤 일생을 마쳐요. 감나무나 개나리 같은 '여러해살이 식물'은 열매를 맺고 난 뒤에도 죽지 않고 살아남아 여러 해 동안 살면서 열매 맺는 것을 반복한답니다.

01 강낭콩이 성장하는 데 필요한 것을 모두 찾아 ○ 하세요.

> 물   모이   온도   소음   빛

02 강낭콩에 대한 설명으로 맞는 것을 모두 고르세요. (,   )

① 강낭콩 안에는 배와 떡잎이 있어요.

② 강낭콩의 떡잎은 뿌리, 줄기, 잎이 될 부분이에요.

③ 강낭콩에서 싹이 트고 나면 두 장의 본잎 사이로 떡잎이 나와요.

④ 강낭콩 꼬투리 안에서는 새 강낭콩이 자라요.

03 강낭콩이 싹이 터서 자라는 과정의 순서대로 기호를 쓰세요.

> ㉠ 꽃이 진 자리에 꼬투리가 생겨요.
>
> ㉡ 강낭콩에서 뿌리가 나오고 땅 위로 떡잎이 올라와요.
>
> ㉢ 꽃봉오리가 맺히고 꽃이 피어요.
>
> ㉣ 줄기가 길어지고 굵어지며, 잎도 넓어지고 무성해져요.
>
> ㉤ 떡잎 사이로 본잎이 나와요.

(→   →   →   →   )

04 식물의 한살이에 대한 글을 읽고, 알맞은 말에 ○ 하세요.

> (1) 강낭콩처럼 한 해 동안 싹을 틔우고 열매를 맺어 씨를 만든 뒤 일생을 마치는 식물을
> (한해살이 | 여러해살이) 식물이라고 해요.
>
> (2) 감나무처럼 열매를 맺고 난 뒤에도 죽지 않고 살아남아 여러 해 동안 살면서 열매
> 맺는 것을 반복하는 식물을 (한해살이 | 여러해살이) 식물이라고 해요.

건조 말라서 물기나 습기가 없음.

오랫동안 비가 안 와서 개울이 바싹 말랐어.

날씨가 건조하면 낙엽도 이렇게 바싹 말라 불이 나기 쉬워.

공중 하늘과 땅 사이의 빈 공간.

놀이 기구가 공중으로 솟구쳐 올랐어. 재밌겠다!

난 무서워서 절대 못 타!

후덜덜

껍질 물체의 겉을 싸고 있는 단단하지 않은 것.

악, 미끄러워!

누가 바나나 껍질을 바닥에 버린 거야?

미끄덩~!

박히다 식물의 뿌리가 내려지다.

내 강력한 바람으로 널 뽑아 버리겠다!

어림없지! 내 뿌리가 땅속에 단단히 박혀 있어서 끄떡없다고!

부들 물속이나 물가의 땅에서 자라는 풀로, 열매는 긴 타원형이며 붉은 갈색임.

저 핫도그처럼 생긴 게 뭐야?

부들이라는 풀의 열매야.

잠기다 물속에 들어가 있다.

NEWS

큰비가 며칠째 계속 와서 홍수가 났대.

나무와 집, 도로가 모두 물에 잠겨 버렸어.

01 낱말과 그 뜻이 바르게 짝 지어진 것을 모두 찾아 ✔ 하세요.

(1) 공중 – 하늘과 땅 사이의 빈 공간. ☐

(2) 부들 – 물속이나 물가의 땅에서 자라는 풀로, 열매는 긴 타원형이며 붉은 갈색임. ☐

(3) 껍질 – 물체의 겉을 싸고 있는 단단한 것. ☐

(4) 건조 – 물기나 습기가 많음. ☐

(5) 박히다 – 식물의 뿌리가 꺾이다. ☐

(6) 잠기다 – 물속에 들어가 있다. ☐

02 초성을 참고하여 빈 곳에 알맞은 낱말을 쓰세요.

(1) ㄱ ㅈ : 커다란 열기구가 _____ 으로 떠올랐어요.

(2) ㅂ ㄷ : 물가에서 자라는 _____ 은 열매가 긴 핫도그처럼 생겼어요.

(3) ㄱ ㅈ : 방 안이 _____ 해서 가습기를 틀었어요.

03 (   ) 안에서 알맞은 낱말을 골라 ◯ 하세요.

(1) 잡초 뿌리가 땅에 깊게 (뚫려 | 박혀) 있어서 잘 뽑히지 않아요.

(2) 배의 (껍질 | 껍데기)은/는 노랗지만 속은 하얘요.

(3) 강력한 태풍으로 배가 뒤집혀 바다에 (묻히고 | 잠기고) 말았어요.

물이 많은 곳에서도, 물이 적은 곳에서도 살아

우리 주변의 식물들은 대부분 산이나 들 같은 땅에 뿌리를 내리고 살아요. 하지만 온도가 적당하고, 물, 빛, 공기가 있으면 식물은 물에서도 살 수 있어요. 강이나 연못에 사는 식물들을 살펴볼까요?

강이나 연못에는 물가나 물속, 물 위 등에 여러 식물이 살고 있어요. 사는 방법에 따라 서로 다른 특징을 가지고 있지요. 연꽃이나 부들은 물속이나 물가의 땅에 뿌리를 박고 살아요. 키가 커서 잎이 물 위로 높이 자라요. 수련이나 마름도 뿌리가 물속의 땅에 박혀 있지만, 잎이나 꽃은 물 위에 떠 있지요. 개구리밥이나 부레옥잠은 수염처럼 생긴 뿌리를 물속으로 뻗고, 넓고 가벼운 잎으로 물에 떠다니며 살아요. 모두 잎을 물 위로 내밀고 공중의 공기를 흡수하며 살지요. 강이나 연못에 사는 식물 중에는 나사말이나 검정말처럼 물속에 완전히 잠겨서 사는 식물도 있어요. 이 식물들은 줄기가 약해서 물살에 잘 휘어져요. 좁고 긴 잎으로 물에 녹아 있는 공기를 흡수하며 살아요.

그러면 물이 적은 곳에서도 식물이 살 수 있을까요? 사막은 비가 아주 적게 내리고 햇볕이 뜨겁게 내리쬐어 늘 물이 부족하고 건조한 곳이에요. 이런 사막에 사는 선인장과 용설란 같은 식물들은 가지고 있는 물을 지키는 것이 중요한 문제예요. 그래서 선인장은 굵고 껍질이 두꺼운 줄기에 물을 저장하고, 잎을 뾰족한 가시 모양으로 만들어 물이 밖으로 빠져나가지 못하게 해요. 또 용설란은 크고 두꺼운 잎에 물을 저장해 건조한 날씨를 잘 견디며 살아간답니다.

▲ 강이나 연못에 사는 식물들

01 강이나 연못에 사는 식물에 대해 <u>틀리게</u> 말한 친구를 모두 찾아 ○ 하세요.

물에 사는 식물은 공기가 없어도 잘 자라. 핫또야

물에 사는 식물은 모두 뿌리가 땅에 박혀 있어. 소라

물에 완전히 잠겨서 사는 식물도 있어. 롱이

02 각 설명에 알맞은 식물을 보기 에서 모두 찾아 기호를 쓰세요.

보기	㉠ 연꽃	㉡ 검정말	㉢ 개구리밥	㉣ 마름
	㉤ 부레옥잠	㉥ 수련	㉦ 부들	㉧ 나사말

(1) 뿌리가 물속의 땅에 박혀 있고 잎과 꽃이 물 위에 떠 있어요.   (,   )

(2) 뿌리를 물속으로 뻗고 물에 떠다니며 살아요.   (,   )

(3) 뿌리가 물속의 땅에 박혀 있고 잎이 물 위로 높이 자라요.   (,   )

(4) 물속에 완전히 잠겨서 살아요.   (,   )

03 물속에 완전히 잠겨서 사는 식물의 특징으로 맞는 것을 모두 고르세요. (,   )

① 수염처럼 생긴 뿌리를 물속으로 뻗고 있어요.

② 줄기가 약해서 물살에 잘 휘어져요.

③ 좁고 긴 잎으로 물에 녹아 있는 공기를 흡수해요.

④ 가시가 있어서 물이 밖으로 빠져나가지 못하게 해요.

04 각 식물이 물을 저장하는 방법을 찾아 선으로 이으세요.

(1) 선인장 •   • ㉠ 크고 두꺼운 잎에 물을 저장해요.

(2) 용설란 •   • ㉡ 굵고 껍질이 두꺼운 줄기에 물을 저장해요.

가닥 하나의 덩어리나 묶음에서 풀리거나 갈라져 나온 긴 줄.

관 무엇이 그 속으로 지나가게 되어 있는, 속이 비고 둥근 원통 모양의 긴 물건.

기능 어떤 역할이나 작용을 함. 또는 그런 역할이나 작용.

물관 식물의 뿌리가 빨아들인 물이 이동하는 통로.

지지 어떤 것을 붙들어서 버티게 함.

통로 지나다닐 수 있게 낸 길.

01 뜻에 알맞은 낱말이 되도록 **보기** 에서 글자를 모두 찾아 빈칸에 쓰세요.

보기	통	물	기	가	관	능	닥	로

(1) 하나의 덩어리나 묶음에서 풀리거나 갈라져 나온 긴 줄. ☐ ☐

(2) 식물의 뿌리가 빨아들인 물이 이동하는 통로. ☐ ☐

(3) 어떤 역할이나 작용을 함. 또는 그런 역할이나 작용. ☐ ☐

(4) 지나다닐 수 있게 낸 길. ☐ ☐

02 낱말에 대한 설명이 맞으면 ○, 틀리면 ✕ 하세요.

(1) '관'은 무엇이 그 속으로 지나가게 되어 있는, 속이 비고 둥근 원통 모양의 긴 물건을 말해요. (　　)

(2) '지지'는 어떤 것을 서로 나누어 떨어지게 하는 것을 말해요. (　　)

03 ☐ 안에서 알맞은 낱말을 골라 ○ 하세요.

(1) 이 휴대폰에는 새로운 │ 본능 │ 기능 │이 아주 많아요.

(2) 이곳은 사람들이 창고로 드나드는 │ 통로 │ 미로 │예요.

(3) 식물이 뿌리에서 흡수한 물은 │ 금관 │ 물관 │을 통해 식물 전체로 이동해요.

(4) 추운 날씨 때문에 물이 흐르는 │ 틀 │ 관 │이 얼어붙었어요.

(5) 튼튼한 기둥들이 이 커다란 건물을 │ 지지 │ 저지 │하고 있어요.

(6) 엄마가 얽혀 있는 실 │ 가닥 │ 가락 │을 풀고 있어요.

식물의 뿌리와 줄기

나무를 힘껏 밀어 본 적이 있나요? 위로 곧게 뻗은 나무줄기는 힘껏 밀어도 넘어지지 않아요. 길가에 핀 작은 민들레도 뽑으려고 하면 줄기만 끊어질 뿐 쑥 뽑히진 않지요. 모두 땅속 깊게 박혀 있는 뿌리 덕분이에요. 뿌리는 식물을 지지하는 기능을 하거든요.

식물의 뿌리에는 민들레처럼 굵고 곧은 원뿌리 주위로 가는 곁뿌리들이 붙어 있는 '곧은뿌리'도 있고, 파처럼 굵기가 비슷한 뿌리가 여러 가닥으로 뻗어 있는 '수염뿌리'도 있어요. 또 고구마와 당근처럼 양분을 저장하고 있는 '저장뿌리'도 있어요.

이런 뿌리들은 모두 땅속의 물을 흡수해요. 뿌리에는 솜털처럼 가는 뿌리털이 아주 많이 달려 있는데, 이 뿌리털 하나하나가 흙 사이사이로 뻗어 나가 땅속에 있는 물을 흡수하는 일을 하지요.

식물의 뿌리가 흡수한 물은 줄기로 이동해요. 식물은 줄기의 모양도 여러 가지여서, 해바라기처럼 굵고 곧게 자라는 '곧은줄기'도 있고, 나팔꽃처럼 다른 물체를 감으면서 자라는 '감는줄기'도 있어요. 또 딸기처럼 땅을 기는 듯이 뻗는 '기는줄기'도 있지요. 서로 생김새는 다르지만 줄기에는 물관이라는 좁은 관이 있어서, 이 물관을 통해 뿌리가 빨아들인 물이 잎까지 이동해요. 줄기가 물의 이동 통로 기능을 하는 것이지요.

식물의 잎과 열매 등을 달고 있는 줄기는 식물을 지지하는 기능도 해요. 또 몇몇 식물의 줄기는 땅속에 있으면서 양분을 저장하는 기능도 하는데, 우리가 즐겨 먹는 감자가 바로 양분을 저장하고 있는 줄기예요.

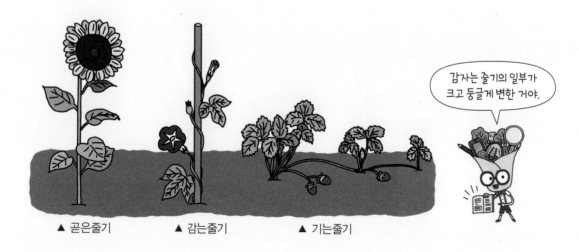

감자는 줄기의 일부가 크고 둥글게 변한 거야.

▲ 곧은줄기   ▲ 감는줄기   ▲ 기는줄기

01 뿌리에 대한 설명으로 <u>틀린</u> 것을 고르세요. (   )

① 식물을 지지하는 기능을 해요.   ② 감자는 저장뿌리예요.

③ 땅속의 물을 흡수해요.   ④ 뿌리에는 뿌리털이 아주 많이 달려 있어요.

02 어떤 뿌리에 대한 설명인지 찾아 선으로 이으세요.

(1)   양분을 저장하고 있어요.   •   • ㉠ **곧은뿌리**

(2)   원뿌리에 가는 곁뿌리들이 붙어 있어요.   •   • ㉡ **저장뿌리**

(3)   굵기가 비슷한 뿌리가 여러 가닥 뻗어 있어요.   •   • ㉢ **수염뿌리**

03 식물의 줄기에 대한 글을 읽고, 빈 곳에 알맞은 말을 쓰세요.

식물의 줄기에는 다른 물체를 감으면서 자라는 _____ 줄기, 굵고 곧게 자라는

_____ 줄기, 땅을 기는 듯이 뻗는 _____ 줄기 등이 있어요.

04 줄기에 대한 설명이 맞으면 ◯, 틀리면 ✕ 하세요.

(1) 줄기의 물관을 통해 뿌리가 빨아들인 물이 잎까지 이동해요.   (   )

(2) 식물을 지지하는 기능을 해요.   (   )

(3) 줄기는 양분을 저장하지 않아요.   (   )

(4) 흙 사이사이로 뻗어 나가 땅속의 물을 흡수해요.   (   )

미세 분간하기 어려울 정도로 아주 작음.

발생 어떤 일이 일어나거나 사물이 생겨남.

배출 안에서 만들어진 것을 밖으로 밀어 내보냄.

색소 물체의 색깔이 나타나도록 하는 성분.

세포 생물체를 이루는 기본 단위.

운반 물건 등을 옮겨 나름.

01 뜻에 알맞은 낱말을 찾아 선으로 이으세요.

(1) 물건 등을 옮겨 나름.   •   • ㉠ 세포

(2) 물체의 색깔이 나타나도록 하는 성분.   •   • ㉡ 색소

(3) 생물체를 이루는 기본 단위.   •   • ㉢ 운반

02 ( ) 안에서 알맞은 낱말을 골라 ○ 하세요.

(1) **배출**   안에서 만들어진 것을 밖으로 밀어 (내보냄 | 들여보냄).

(2) **발생**   어떤 일이 일어나거나 사물이 (사라짐 | 생겨남).

(3) **미세**   분간하기 어려울 정도로 아주 (작음 | 큼).

03 밑줄 친 낱말이 바르게 쓰인 것을 모두 찾아 ✓ 하세요.

(1) 교통사고가 **발생**해서 도로가 혼잡해요.

(2) 작은 물건들을 상자에 넣어 한꺼번에 **운반**했어요.

(3) 사람의 몸은 아주 많은 **세포**로 이루어져 있어요.

(4) 옷 무늬의 차이가 아주 **미세**해서 멀리에서도 잘 구별할 수 있어요.

(5) 매주 일요일은 재활용품을 **배출**하는 날이에요.

(6) 찌개의 맛을 구수하게 하려고 **색소**를 넣었어요.

양분을 만들고 물을 내뿜는 식물의 잎

식물이 뿌리로 빨아들인 물은 식물에 없어서는 안 될 중요한 존재예요. 식물이 스스로 양분을 만드는 일에 반드시 필요하거든요.

식물이 양분을 만드는 일에는 물과 함께 이산화 탄소와 빛도 필요해요. 그래서 식물은 잎의 표면에 있는 미세한 구멍인 기공을 열어 공기 중의 이산화 탄소를 흡수해요. 또 잎을 이루는 세포 안에는 엽록체가 들어 있는데, 이 엽록체 안에 있는 초록색 색소인 엽록소로 빛을 흡수하지요.

이렇게 식물이 뿌리로 빨아들인 물과 잎에서 흡수한 이산화 탄소와 빛을 이용해 스스로 양분을 만드는 과정을 '광합성'이라고 해요. 식물은 광합성을 하면서 녹말 같은 양분을 만들고, 사람이나 동물이 숨을 쉬는 데 꼭 필요한 산소를 발생시켜요. 광합성으로 만들어진 양분은 줄기 안에 있는 '체관'이라는 좁은 관을 통해 이동해 뿌리, 줄기, 열매 등 식물 곳곳으로 운반되어서 사용되거나 저장되어요.

식물이 광합성에 쓰고 남은 물은 잎의 기공을 통해 밖으로 배출되는데, 이것을 '증산 작용'이라고 해요. 주로 잎 뒷면에 있는 기공이 열리면서 물이 수증기가 되어 빠져나가지요. 증산 작용은 햇볕이 내리쬐고 기온이 높고 바람이 많이 불수록 더 잘 일어나요.

잎에서 증산 작용이 일어나면 식물은 빠져나간 물을 보충하기 위해 뿌리로 빨아들인 물을 잎까지 계속 끌어 올려요. 또 증산 작용이 일어날 때 잎에서 수증기가 빠져나가면서 주변의 열도 함께 빼앗아 식물의 온도가 너무 높아지지 않게 하지요.

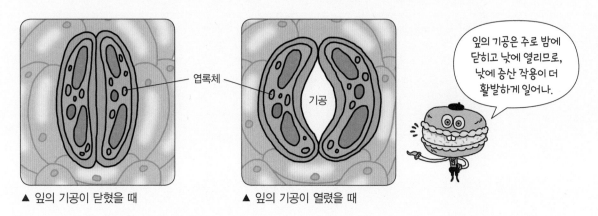

▲ 잎의 기공이 닫혔을 때   ▲ 잎의 기공이 열렸을 때

잎의 기공은 주로 밤에 닫히고 낮에 열리므로, 낮에 증산 작용이 더 활발하게 일어나.

01 빈칸에 공통으로 들어갈 알맞은 말을 고르세요. (   )

· 식물은 잎의 표면에 있는 미세한 [   ]으로 공기 중의 이산화 탄소를 흡수해요.
· 식물은 광합성에 쓰고 남은 물을 [   ]을 통해 밖으로 배출해요.

① 세포   ② 물관   ③ 기공   ④ 체관

02 식물의 광합성에 대한 글을 읽고, 빈 곳에 알맞은 말을 쓰세요.

(1) 식물이 뿌리로 빨아들인 물과 _____와 빛을 이용해 스스로 양분을

만드는 과정을 광합성이라고 해요.

(2) 식물은 광합성을 하면서 녹말 같은 _____을 만들고, 사람이나 동물이

숨을 쉬는 데 필요한 _____를 발생시켜요.

(3) 광합성으로 만들어진 양분은 줄기 안에 있는 _____을 통해 이동해요.

03 광합성에 쓰고 남은 물이 잎의 기공을 통해 밖으로 배출되는 것을 무엇이라고 하는지 쓰세요.

04 증산 작용에 대해 바르게 말한 아이를 모두 찾아 이름을 쓰세요. (,   )

· **현민**: 주로 잎 뒷면의 기공이 열리면서 증산 작용이 일어나.
· **보라**: 증산 작용은 기온이 낮고 바람이 불지 않아야 잘 일어나.
· **민규**: 증산 작용은 식물의 온도가 너무 높아지지 않게 해.

갈고리 무엇을 걸고 끌어당기는 데 쓰는, 끝이 뾰족하고 꼬부라진 도구.

꽃가루 꽃의 수술에 붙어 있다가 암술로 운반되어 씨를 맺게 하는 가루.

수단 어떤 목적을 이루기 위하여 쓰는 방법이나 도구.

이끌리다 다른 사람의 관심이나 시선 등이 한곳으로 집중되다.

퍼뜨리다 널리 퍼지게 하다.

01 뜻에 알맞은 낱말을 **보기**에서 찾아 빈칸에 쓰세요.

보기	이끌리다	수단	퍼뜨리다	꽃가루	갈고리

(1) 널리 퍼지게 하다. ┈┈┈┈┈┈┈┈┈┈ ⬜

(2) 무엇을 걸고 끌어당기는 데 쓰는, 끝이 뾰족하고 꼬부라진 도구. ⬜

(3) 다른 사람의 관심이나 시선 등이 한곳으로 집중되다. ┈┈┈ ⬜

(4) 어떤 목적을 이루기 위하여 쓰는 방법이나 도구. ┈┈┈ ⬜

(5) 꽃의 수술에 붙어 있다가 암술로 운반되어 씨를 맺게 하는 가루. ⬜

02 빈칸에 알맞은 글자를 모두 찾아 ○ 하세요.

(1) 곤충들은 꽃의 수술에 있는 □□□를 암술로 옮겨요.

꽃	지	대	잎	가	루

(2) 매의 부리는 끝이 꼬부라진 □□□ 모양이에요.

모	갈	고	부	기	리

(3) 낙타는 사막을 이동하는 □□으로 이용되어요.

수	서	명	집	지	단

03 밑줄 친 낱말을 바르게 사용한 친구를 찾아 ○ 하세요.

깨끗한 손 씻기와 마스크 쓰기가 전염병을 **퍼뜨렸어**.

핫또야

광고에 **이끌려** 필요 없는 물건을 너무 많이 샀어.

롱이

씨를 만들고 멀리 퍼뜨려

제자리에 가만히 있는 식물은 어떻게 번식을 할까요? 바로 꽃의 색깔이 식물이 번식하기 위해 곤충을 부르는 수단이에요.

벌 같은 곤충들은 꽃의 색깔에 이끌려 이 꽃 저 꽃 날아다니며 꿀을 빨아들여요. 그러면서 꽃의 수술에서 만든 꽃가루를 제 몸에 묻혀서 암술로 옮기는데, 이렇게 수술에서 만든 꽃가루를 암술로 옮기는 것을 '꽃가루받이' 또는 '수분'이라고 해요.

꽃가루받이는 벌 같은 곤충뿐만 아니라 새, 바람, 물 등으로도 이루어져요. 동백나무는 새가 부리에 꽃가루를 묻혀 옮기면서 꽃가루받이를 하고, 벼나 옥수수는 바람에 꽃가루를 날려 보내 꽃가루받이를 해요. 물에 완전히 잠겨서 사는 검정말과 나사말 같은 식물은 꽃가루를 물에 실어 보내 꽃가루받이를 하지요.

꽃가루받이가 이루어지면 꽃이 지고 그 자리에 열매가 맺혀요. 열매 안에서는 씨가 자라지요. 열매는 씨가 자라는 동안 어린 씨를 보호하다가 씨가 익으면 씨를 퍼뜨리는 역할을 해요.

꽃은 대부분 암술과 수술, 꽃잎과 꽃받침으로 이루어지지만, 이 중 일부가 없는 것도 있어.

꽃잎
암술
수술
꽃받침

▲ 꽃의 구조

▲ 열매를 먹는 새

사과나무는 동물이 열매를 먹은 뒤 소화되지 않은 씨가 똥과 함께 땅에 떨어지면 묻혔다가 싹을 틔워요. 참나무는 다람쥐나 어치가 땅속에 묻어 두었다가 찾아 먹지 못한 도토리가 싹을 틔우지요. 민들레는 솜털이 달린 열매가 바람에 날리면서 씨를 퍼뜨리고, 제비꽃은 열매껍질이 터지며 사방으로 씨를 날려 보내요. 도깨비바늘 열매는 갈고리 모양으로 동물의 털에 붙어서, 연꽃 열매는 물에 둥둥 떠다니며 씨를 퍼뜨린답니다.

01 식물의 꽃가루받이를 돕는 것을 모두 찾아 ◯로 묶으세요.

곤충

빛

물

바람

새

02 식물의 꽃가루받이에 대한 설명으로 <u>틀린</u> 것을 고르세요. (   )

① 수술에서 만든 꽃가루를 암술로 옮기는 것을 말해요.

② 동백나무는 새가 부리에 꽃가루를 묻혀 옮기면서 꽃가루받이를 해요.

③ 벼는 바람에 꽃가루를 날려 보내 꽃가루받이를 해요.

④ 검정말은 곤충의 도움으로 꽃가루받이를 해요.

03 열매에 대한 설명이 맞으면 ◯, 틀리면 ✕ 하세요.

(1) 꽃가루받이가 이루어지기 전에 열매가 맺혀요.   (   )

(2) 열매는 씨가 자라는 동안 어린 씨를 보호해요.   (   )

(3) 열매는 씨가 익으면 씨를 퍼뜨리는 역할을 해요.   (   )

04 식물이 씨를 퍼뜨리는 방법을 찾아 선으로 이으세요.

(1) 도깨비바늘 •   • ㉠ 열매껍질이 터지면서

(2) 민들레 •   • ㉡ 열매가 동물에게 먹히면서

(3) 제비꽃 •   • ㉢ 열매가 동물의 털에 붙어서

(4) 사과나무 •   • ㉣ 열매가 바람에 날리면서

➡️ 사다리를 타고 내려가서 친구들이 말하는 낱말의 뜻을 보기 에서 찾아 화분의 (　) 안에
번호를 쓰세요.

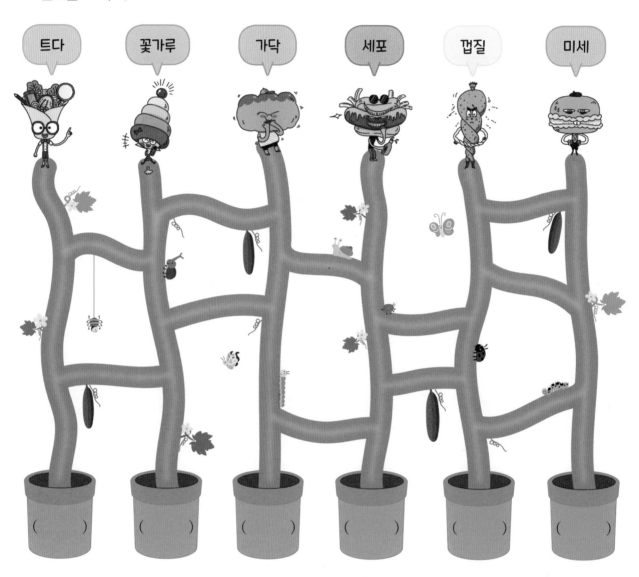

보기

① 식물의 싹, 순 등이 나오거나 벌어지다.

② 물체의 겉을 싸고 있는 단단하지 않은 것.

③ 하나의 덩어리나 묶음에서 풀리거나 갈라져 나온 긴 줄.

④ 분간하기 어려울 정도로 아주 작음.

⑤ 생물체를 이루는 기본 단위.

⑥ 꽃의 수술에 붙어 있다가 암술로 운반되어 씨를 맺게 하는 가루.

글의 내용이 맞으면 '예', 틀리면 '아니요'에 ○ 하며 길을 따라가세요. 그런 다음 ○를 한 것과 짝 지어진 도토리의 수를 모두 더해 빈칸에 쓰세요.

강낭콩의 떡잎은 뿌리가 될 부분이에요.

예
아니요

검정말은 물에 녹아 있는 공기를 흡수하며 살아요.

예
아니요

고구마와 당근은 저장뿌리예요.

예
아니요

식물의 줄기에는 물의 이동 통로인 체관이 있어요.

예
아니요

벌 같은 곤충만 식물의 꽃가루받이를 해요.

예
아니요

식물은 광합성을 하면서 이산화 탄소를 발생시켜요.

예
아니요

연꽃 열매는 물에 떠다니며 씨를 퍼뜨려요.

예
아니요

내가 모은 도토리는 모두 몇 개일까?

□ 개

도착

보잘것없는 나무들이 아름다운 이유

숲이 생길 때 가장 중심부에서 그 틀을 잡아 주는 관목들은 어느 정도 숲이 완성되면 큰 키나무들에게 자리를 내주고 '여가리', 즉 숲의 주변부로 밀려난다. 키가 큰 교목들 틈에선 살아날 수가 없기 때문이다.

그러나 워낙 그렇게 생긴 탓에 밀려나긴 했지만, 여가리에 자리 잡은 관목들은 숲 주변부에서 자기들을 밀어낸 교목들을 보호해 준다. 이 볼품없는 관목들이 외부의 자연적인 재해에 맞서며 숲 전체를 지켜 나가는 것이다. 그리고 이로 인해 숲은 보다 다양한 종이 어우러져 사는 건강한 모습을 이뤄 간다.

어디 그뿐인가. 불모지가 된 땅을 다시 푸르게 만드는 것 역시 보잘것없는 작은 나무와 풀들이다. 아무런 생명도 없던 메마른 땅에 평상시에 외면만 당하던 풀들이 들어와 개척자의 역할을 한다. 이들은 불모지에 가장 먼저 들어와 지반을 안정시키고 다른 나무들이 살아갈 윤택한 토양을 만들어 낸다. 흔히 잡풀 취급을 하는 쑥이나 억새, 고사리가 바로 이런 '개척 식물'들이다.

산불로 폐허가 된 땅의 첫 방문자 역시 마찬가지. 길이도 짧고 몸통도 얇아 기껏해야 울타리나 빗자루 정도로밖에 사용되지 못하는 싸리나무는 불난 자리를 녹화하는 주역이다. 사람들에게 많이 알려져 있지만 그렇다고 결코 대접받는 축에 끼지 못하는 고사리 역시 싸리나무와 비슷하다. 거친 들에서 흔히 볼 수 있는 고사리는 타고난 그 씩씩함으로 잿더미 속에 가장 먼저 자리를 잡고 싹을 틔운다.

초석을 다진 후 다른 나무들이 하나둘 자리 잡으면 관목들이 그랬듯 조용히 자기 자리를 내준다. 또한 그럼으로 해서 예전의 그 불모지는 언제 그랬냐는 듯 짙은 녹색 숲으로 복구된다.

그러나 안타깝게도 숲의 사회에서 그들에게 돌아오는 것은 많지 않다. 누군가 그 역할을 알아주는 것도 아니다. 그럼에도 불구하고 그들은 나무 세계에서 맡은 바 임무를 다 해낸다. 그저 묵묵하게.

우종영, 『나는 나무처럼 살고 싶다』, 걷는나무

01 관목에 대한 설명으로 <u>틀린</u> 것을 고르세요. (　　　)

① 숲이 생길 때 가장 중심부에서 그 틀을 잡아 주어요.

② 어느 정도 숲이 완성되면 큰키나무들에게 자리를 내주고 숲의 주변부로 밀려나요.

③ 관목들 때문에 교목들이 살아날 수가 없어요.

④ 관목들은 외부의 자연적인 재해에 맞서며 숲 전체를 지켜 나가요.

02 글을 읽고, 빈 곳에 알맞은 말을 쓰세요.

> 불모지에 가장 먼저 들어와 지반을 안정시키고 다른 나무들이 살아갈 윤택한
>
> 토양을 만들어 내는 것은 쑥이나 억새, 고사리 같은 _____ 식물들이에요.

03 글의 내용으로 맞으면 ○, 틀리면 ✕ 하세요.

(1) 싸리나무는 불난 자리를 녹화하는 주역이에요.　　　(　　　)

(2) 고사리는 산불로 폐허가 된 땅에 가장 먼저 자리를 잡고
　　싹을 틔워요.　　　(　　　)

(3) 개척 식물 때문에 짙은 녹색 숲이 불모지가 되어요.　　　(　　　)

어휘 풀이

• **관목** 키가 작고 원줄기와 가지의 구별이 분명하지 않으며 밑동에서 가지를 많이 치는 나무.

• **여가리** '언저리'의 방언(강원).

• **교목** 줄기가 곧고 굵으며 높이가 8미터를 넘는 나무.

• **불모지** 식물이 자라지 못하는 거칠고 메마른 땅.

• **지반** 땅의 표면.

• **개척** 거친 땅을 일구어 논이나 밭과 같이 쓸모 있는 땅으로 만듦.

• **녹화하다** 산이나 들 따위에 나무나 화초를 심어 푸르게 하다.

• **초석** 어떤 사물의 기초를 비유적으로 이르는 말.

3주 생태계

5일

어휘 | 구성원, 기후, 멸종, 세대, 운석, 화석 연료
독해 | 환경 변화와 생태계

4일

어휘 | 북극, 빽빽하다, 서식지, 영하, 적응, 지방층
독해 | 환경에 적응되어 살아가는 생물들

6일

복습

광합성 식물이 빛과 이산화 탄소, 뿌리에서 흡수한 물을 이용해 스스로 양분을 만드는 과정.

나선 겉모양이 소라 껍데기처럼 한 방향으로 빙빙 돌면서 꼬인 것.

도랑 폭이 좁고 작은 개울.

맨눈 안경이나 망원경, 현미경 등을 이용하지 않고 직접 보는 눈.

자손 자식과 손자.

해 이롭지 않게 하거나 손상을 입힘. 또는 그런 것.

01 뜻에 알맞은 낱말을 **보기** 에서 찾아 빈칸에 쓰세요.

보기	맨눈	자손	광합성	해	도랑	나선

(1) 이롭지 않게 하거나 손상을 입힘. 또는 그런 것. ·················

(2) 폭이 좁고 작은 개울. ·····················

(3) 겉모양이 소라 껍데기처럼 한 방향으로 빙빙 돌면서 꼬인 것. ·········

(4) 식물이 빛과 이산화 탄소, 뿌리에서 흡수한 물을 이용해 스스로 양분을 만드는 과정. ·····················

(5) 자식과 손자. ·····················

(6) 안경이나 망원경, 현미경 등을 이용하지 않고 직접 보는 눈. ·········

02 빈칸에 알맞은 글자를 모두 찾아 ○ 하세요.

(1) 식물은 물이 없으면 □□□을 할 수 없어요.

광	물	합	성

(2) 우리가 찬 공이 □□에 빠져 물에 떠내려갔어요.

도	강	랑	바

(3) 우리 몸의 세균은 □□으로는 보이지 않아요.

격	맨	살	눈

03 □□ 안에서 알맞은 낱말을 골라 ○ 하세요.

(1) 낙엽이 뱅글뱅글 │ 나선 │ 직선 │ 모양을 그리며 떨어졌어요.

(2) 할머니 제삿날에 │ 조상 │ 자손 │ 이 모두 모여 제사를 지냈어요.

(3) 바퀴벌레는 사람에게 │ 득 │ 해 │ 이/가 되는 벌레예요.

식물도 아니고 동물도 아닌 생물들

느티나무, 민들레, 배추는 모두 식물이에요. 스스로 움직일 수 없고, 뿌리와 줄기와 잎이 있으며, 스스로 양분을 만든다는 공통점이 있지요. 반대로 호랑나비나 여우 같은 동물은 스스로 움직일 수 있지만, 스스로 양분을 만들지 못하고 다른 생물을 먹으며 살아가요.

그럼 버섯은 어떨까요? 버섯은 잎과 줄기와 뿌리가 없고 스스로 움직이지 못하며 양분도 만들지 못해요. 이렇게 버섯처럼 식물도 동물도 아닌 생물을 '균류'라고 해요. 곰팡이도 균류이지요. 균류는 보통 실처럼 가늘고 긴 균사로 이루어져 있어요. 작은 알갱이 모양의 포자로 번식을 해 자손을 퍼뜨리

버섯은 주로 여름날 축축한 곳에서 볼 수 있어.

▲ 나무 밑에서 자라는 버섯

며, 대부분 죽은 생물이나 다른 생물에 붙어서 양분을 흡수하며 살지요.

연못이나 도랑에서 사는 유글레나는 스스로 움직이며 다른 생물을 잡아먹기도 하고 식물처럼 광합성을 하기도 하는데, 유글레나처럼 식물도 동물도 아니고, 균류도 아닌 생물을 '원생생물'이라고 해요. 원생생물은 현미경으로만 볼 수 있는 아주 작은 생물로, 일정한 모양이 없이 자유롭게 돌아다니며 다른 생물을 잡아먹는 아메바, 엽록소가 있어 광합성을 하는 해캄 등이 원생생물에 속해요.

세균은 균류나 원생생물보다 더 작은 생물이에요. 세포 하나로 이루어져 있으며 공이나 막대, 나선 같은 단순한 모양이지요. 그래도 주변에서 양분을 얻고 번식도 하므로 엄연한 생물이에요. 맨눈으로는 볼 수 없지만, 물, 공기, 흙 등 살지 않는 곳이 없어요. 심지어는 우리 몸속에도 세균이 살아요.

균류나 세균은 된장 같은 음식을 만드는 데 이용되기도 하고, 음식을 상하게 하기도 해요. 또 콜레라균, 대장균, 살모넬라균 같은 세균은 질병을 일으켜 건강에 해가 되기도 한답니다.

01 균류에 대한 설명으로 맞는 것을 모두 고르세요. (,   )

① 식물에 속해요.

② 보통 실처럼 가늘고 긴 균사로 이루어져 있어요.

③ 작은 알갱이 모양의 포자로 번식을 해요.

④ 스스로 움직이지는 못하지만, 스스로 양분을 만들어요.

02 원생생물을 모두 찾아 ○ 하세요.

유글레나

해캄

세균

아메바

03 세균에 대한 설명이 맞으면 ○, 틀리면 ✕ 하세요.

(1) 세포 하나로 이루어져 있어요.   (   )

(2) 맨눈으로 볼 수 있어요.   (   )

(3) 공이나 막대, 나선 같은 단순한 모양이에요.   (   )

(4) 우리 몸속에서만 살아요.   (   )

(5) 균류나 원생생물보다 크기가 커요.   (   )

04 균류와 세균을 보기 에서 모두 찾아 기호를 쓰세요.

보기   ㉠ 콜레라균   ㉡ 대장균   ㉢ 곰팡이   ㉣ 살모넬라균   ㉤ 버섯

(1) 균류 (,   )   (2) 세균 (,   ,   )

기준 구별하거나 정도를 판단하기 위해 그것과 비교하도록 정한 대상이나 잣대.

배출물 공장이나 집, 생물의 몸 등에서 밖으로 내보내지는 물질.

분해 여러 부분으로 이루어진 것을 그 부분이나 성분으로 따로따로 나눔.

섭취 영양분 등을 몸속에 받아들임.

순환 어떤 행동이나 현상이 하나의 과정을 지나 다시 처음 자리로 돌아오는 것을 되풀이함.

형체 물체의 생긴 모양이나 그 바탕이 되는 몸체.

64

01 낱말에 대한 설명이 맞으면 ○, 틀리면 ✕ 하세요.

(1) '기준'은 구별하거나 정도를 판단하기 위해 그것과 비교하도록 정한
대상이나 잣대를 말해요. 　　　　　　　　　　　　　　　　　　　(　　　)

(2) '분해'는 여러 부분으로 이루어진 것을 하나로 짜 맞추는 것을 말해요. (　　　)

(3) '배출물'은 공장이나 집, 생물의 몸 등에서 밖으로 내보내지는 물질을
말해요. 　　　　　　　　　　　　　　　　　　　　　　　　　　　(　　　)

(4) '형체'는 물체의 생긴 모양이나 그 바탕이 되는 몸체를 말해요. 　(　　　)

(5) '순환'은 어떤 행동이나 현상이 하나의 과정을 지나 다시 처음 자리로
돌아오는 것을 되풀이하는 것을 말해요. 　　　　　　　　　　　　(　　　)

(6) '섭취'는 영양분 등을 몸 밖으로 내보내는 것을 말해요. 　　　　(　　　)

02 초성을 참고하여 빈 곳에 알맞은 낱말을 쓰세요.

(1) ㅎ ㅊ : 저 멀리에서 사람의 _____ 가 희미하게 보여요.

(2) ㄱ ㅈ : 체육 대회에 나갈 선수들을 엄격한 _____ 에 따라 뽑았어요.

(3) ㅂ ㅎ : 동생이 _____ 한 시계를 다시 조립했어요.

03 밑줄 친 낱말이 바르게 쓰인 것을 모두 찾아 ✔ 하세요.

(1) 우리나라는 봄, 여름, 가을, 겨울의 사계절이 **순환**해요. □

(2) 공장에서 환경에 나쁜 물질을 몰래 **섭취**해요. □

(3) 가정에서 나오는 여러 가지 더러운 **배출물**이 환경을 오염시켜요. □

양분을 얻는 방법이 달라

모든 생물은 양분이 있어야 살아갈 수 있어요. 생물마다 양분을 얻는 방법이 다른데, 이 방법을 기준으로 생물을 생산자, 소비자, 분해자로 분류해요.

'생산자'는 식물처럼 광합성을 해서 필요한 양분을 스스로 만드는 생물을 말해요. 또 식물과는 달리 동물처럼 다른 생물을 먹이로 해서 양분을 얻는 생물은 '소비자'라고 하지요. 소비자 중에서 생산자를 먹는 생물을 '1차 소비자', 1차 소비자를 먹는 생물을 '2차 소비자'라고 하고, 마지막 단계의 소비자를 '최종 소비자'라고 해요.

예를 들어 볼까요? 호랑나비 애벌레의 먹이가 되는 산초나무는 생산자이고, 산초나무 잎을 먹고 자라는 호랑나비 애벌레는 1차 소비자예요. 이 호랑나비 애벌레를 먹이로 하는 딱새는 2차 소비자이고, 딱새를 사냥해 먹는 매는 최종 소비자이지요.

생산자부터 최종 소비자까지 모든 생물은 죽어요. 죽은 생물은 썩으면서 아주 잘게 분해되어 형체가 없어져요. 분해는 저절로 일어나지 않아요. 곰팡이와 버섯 등이 분해를 하는데, 이렇게 죽은 생물이나 배출물을 분해하여 양분을 얻는 생물을 '분해자'라고 해요.

분해자들이 섭취하고 남은 물질이 땅속으로 스며들면 식물의 뿌리는 물과 함께 그 물질을 다시 흡수해요. 생산자인 식물에서 출발한 물질이 소비자와 분해자를 거쳐 다시 생산자로 돌아오며 순환하는 것이지요.

생물들의 수는 먹이 단계가 올라갈수록 줄어들어 피라미드 모양을 이루는데, 이것을 '생태 피라미드'라고 해.

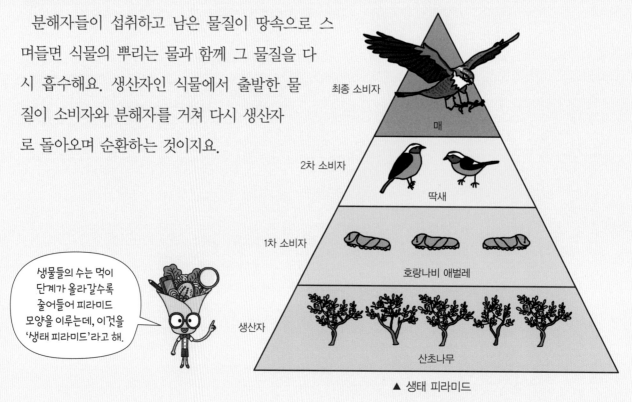

▲ 생태 피라미드

01 글을 읽고, 빈 곳에 알맞은 말을 쓰세요.

생물이 _____을 얻는 방법을 기준으로, 생물을 생산자, 소비자, 분해자로 분류해요.

02 생물이 양분을 얻는 방법을 찾아 선으로 이으세요.

(1) 생산자 •   • ㉠ 죽은 생물이나 배출물을 분해해서 양분을 얻어요.

(2) 소비자 •   • ㉡ 광합성을 해서 필요한 양분을 스스로 만들어요.

(3) 분해자 •   • ㉢ 다른 생물을 먹이로 해서 양분을 얻어요.

03 생산자, 소비자, 분해자에 대한 설명으로 <u>틀린</u> 것을 고르세요. (   )

① 식물은 생산자에 속해요.

② 1차 소비자를 먹는 생물을 최종 소비자라고 해요.

③ 분해자에는 곰팡이, 버섯 등이 있어요.

④ 생산자에서 출발한 물질은 소비자, 분해자를 거쳐 다시 생산자로 돌아오며 순환해요.

04 (   ) 안에 알맞은 생물을 **보기** 에서 찾아 기호를 쓰세요.

| 보기 | ㉠ 매 | ㉡ 호랑나비 애벌레 | ㉢ 산초나무 | ㉣ 딱새 |

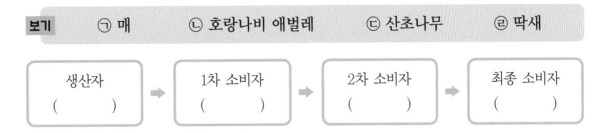

| 생산자 ( ) | 1차 소비자 ( ) | 2차 소비자 ( ) | 최종 소비자 ( ) |

가뭄 오랫동안 비가 오지 않는 날씨.

관계 둘 이상의 사람, 사물, 현상 등이 서로 관련을 맺음. 또는 그런 관련.

사슬 쇠로 만든 고리를 이어서 만든 줄.

얽히다 끈이나 줄 등이 이리저리 엇갈려서 묶이거나 감기다.

영향 어떤 것의 효과나 작용이 다른 것에 미치는 것.

흉년 농사가 잘되지 않아 다른 때보다 수확이 적은 해.

01 (   ) 안에서 알맞은 낱말을 골라 ○ 하세요.

(1) (흉년 | 풍년) : 농사가 잘되지 않아 다른 때보다 수확이 적은 해.

(2) 가뭄 : 오랫동안 비가 (오는 | 오지 않는) 날씨.

(3) 관계 : 둘 이상의 사람, 사물, 현상 등이 서로 관련을 (끊음 | 맺음).

(4) (영향 | 방향) : 어떤 것의 효과나 작용이 다른 것에 미치는 것.

(5) 사슬 : (종이 | 쇠)로 만든 고리를 이어서 만든 줄.

(6) (긁히다 | 얽히다) : 끈이나 줄 등이 이리저리 엇갈려서 묶이거나 감기다.

02 빈칸에 알맞은 낱말을 찾아 선으로 이으세요.

(1) 담벼락에 담쟁이덩굴이 이리저리 ☐ 자라고 있어요.   •   • ㉠ 얽혀

(2) 새로 산 자전거를 잃어버릴까 봐 튼튼한 ☐로 묶어 놓았어요.   •   • ㉡ 관계

(3) 저 아이와 나는 친한 친구 ☐예요.   •   • ㉢ 사슬

03 (   ) 안에 알맞은 낱말을 보기 에서 찾아 기호를 쓰세요.

보기   ㉠ 영향   ㉡ 가뭄   ㉢ 흉년

(1) 오랜 (   )으로 강물이 바싹 말랐어.

(2) 그래서 올해 쌀농사가 (   )이래.

(3) 농사는 날씨의 (   )을 참 크게 받아.

서로 영향을 주고받으며 살아

벼를 메뚜기가 먹고, 메뚜기를 개구리가 먹고, 개구리를 뱀이 먹고, 뱀을 매가 먹고……. 생물은 생산자인 벼부터 최종 소비자인 매까지 서로 먹고 먹히는 관계예요. 이처럼 생물 먹이 관계가 사슬처럼 연결되어 있는 것을 '먹이 사슬'이라고 해요.

그런데 매는 뱀만 먹지 않고 다람쥐 같은 다른 먹이도 먹어요. 뱀도 개구리도 다른 먹이를 잡아먹고, 메뚜기도 벼 이외의 다른 식물들을 먹지요. 이렇게 소비자는 다양한 생물을 먹이로 하기 때문에 생물들끼리 서로 먹고 먹히는 먹이 사슬이 여러 개 얽혀 그물처럼 연결되어 있는데, 이것을 '먹이 그물'이라고 해요.

먹이 그물로 연결된 생물들 중 하나에 변화가 생기면 어떻게 될까요? 만약 개구리의 수가 줄어들면, 개구리의 먹이인 메뚜기의 수가 늘어나고 메뚜기들이 벼를 많이 먹으면서 흉년이 들 수 있어요. 뱀과 매는 잡아먹을 개구리가 부족하므로 다른 먹이인 새를 더 많이 잡아먹겠지요. 그래서 새의 수가 줄어들면 새의 먹이인 애벌레의 수가 늘어나 식물도 피해를 입으면서 결국 먹이 그물에 큰 영향을 미치게 되어요.

동물과 식물처럼 살아 있는 것을 '생물 요소'라고 하고, 햇빛이나 물, 온도처럼 살아 있지 않은 것을 '비생물 요소'라고 하는데, 이 비생물 요소도 먹이 그물에 영향을 미쳐요. 만약 가뭄으로 물이 부족해지면 개구리가 사는 연못이 마르면서 올챙이와 개구리의 수가 줄게 되거든요. 이렇게 어떤 장소에서 생물 요소와 비생물 요소가 서로 영향을 주고받는 것을 '생태계'라고 해요. 생태계는 생물이 살아가는 장소에 따라 연못, 화단, 갯벌, 하천, 바다, 숲 등 종류가 다양하답니다.

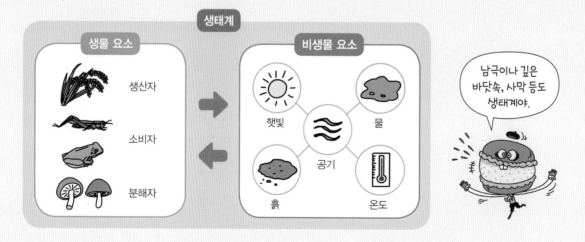

01 생물 먹이 관계가 사슬처럼 연결되어 있는 것을 무엇이라고 하는지 쓰세요.

02 글을 읽고, 빈 곳에 알맞은 말을 쓰세요.

> 소비자는 다양한 생물을 먹이로 하기 때문에 생물들끼리 먹이 ＿＿＿＿＿이 여러 개
>
> 얽혀 그물처럼 연결되어 있는데, 이것을 먹이 ＿＿＿＿＿이라고 해요.

03 먹이 그물에 대한 글을 읽고, 알맞은 말에 ○ 하세요.

> 먹이 그물에서 개구리의 수가 줄어들면 개구리의 먹이인 메뚜기의 수가
>
> (줄어들고 | 늘어나고) 메뚜기들이 벼를 (많이 | 적게) 먹으면서 흉년이 들 수
>
> 있어요. 또 뱀과 매가 개구리 대신 새를 더 잡아먹어 새의 수가 (줄어들면 | 늘어나면)
>
> 새의 먹이인 애벌레의 수가 (줄어들어 | 늘어나) 식물도 피해를 입게 되어요.

04 빈칸에 알맞은 말이 차례대로 묶인 것을 고르세요. (　　　　)

> 동물과 식물처럼 살아 있는 것을 ☐ 요소라고 하고, 햇빛이나 물, 온도처럼 살아 있지
>
> 않은 것을 ☐ 요소라고 해요. 또 어떤 장소에서 생물 요소와 비생물 요소가 서로
>
> 영향을 주고받는 것을 ☐라고 해요.

① 비생물 – 생물 – 생태계　　　　② 생태계 – 비생물 – 생물

③ 생물 – 비생물 – 생태계　　　　④ 비생물 – 생태계 – 생물

북극 지구의 북쪽 끝. 또는 그 주변의 지역.

지구 위쪽 꼭대기 부분이 북극이야.

북극은 대부분 바다로 이루어져 있구나.

북극해
그린란드
태평양
대서양
북아메리카

빽빽하다 틈이 거의 없을 만큼 간격이 좁다.

책장에서 책이 잘 안 빠져.

책장에 책이 너무 빽빽하게 꽂혀 있네.

책을 좀 빼서 이쪽 책장에 꽂아야겠어.

서식지 생물들이 보금자리를 만들어 사는 곳.

이 섬은 괭이갈매기의 최대 서식지야.

그래서 괭이갈매기도 많고 둥지도 많구나.

영하 섭씨온도계에서, 눈금이 0℃ 이하의 온도.

지금 몇 도야? 너무 추워.

섭씨온도계의 빨간 부분이 0도 밑으로 내려갔으니까, 영하 10도!

강물도 꽁꽁 얼었어.

적응 어떠한 조건이나 환경에 익숙해지거나 알맞게 변화함.

외국에서는 지금 잘 시간인데……

9시야, 일어나!

한국에 온 지 일주일이 넘었는데 아직 적응을 못 한 거야? 얼른 일어나.

지방층 생물의 피부밑에 있는 지방으로 된 층.

어떤 고기가 삼겹살이야?

이렇게 하얀색 지방층이 세 겹으로 보이는 고기야.

01 뜻에 알맞은 낱말이 되도록 글자를 모두 찾아 ○ 하세요.

(1) 생물의 피부밑에 있는 지방으로 된 층.　　| 지 | 수 | 방 | 식 | 층 |

(2) 생물들이 보금자리를 만들어 사는 곳.　　| 주 | 서 | 식 | 의 | 지 |

(3) 지구의 북쪽 끝. 또는 그 주변의 지역.　　| 대 | 북 | 남 | 극 | 륙 |

02 낱말의 뜻을 **보기** 에서 찾아 기호를 쓰세요.

보기

㉠ 틈이 거의 없을 만큼 간격이 좁다.

㉡ 어떠한 조건이나 환경에 익숙해지거나 알맞게 변화함.

㉢ 섭씨온도계에서, 눈금이 0℃ 이하의 온도.

(1) 빽빽하다 (　　　　) 　　(2) 영하 (　　　　) 　　(3) 적응 (　　　　)

03 (　　) 안에서 알맞은 낱말을 골라 ○ 하세요.

(1) 추운 지방에 사는 동물들은 피부밑에 두꺼운 (지방층 | 공기층)이 있어요.

(2) 나는 이사를 간 동네에 아직 (적용 | 적응)을 못 했어요.

(3) 환경 오염으로 야생 동물의 (간척지 | 서식지)가 사라지고 있어요.

(4) 갑자기 기온이 (영하 | 영상)(으)로 내려갔어요.

(5) 북극곰은 주로 (남극 | 북극) 지방에서 살아요.

(6) 주차장에 차들이 (느슨하게 | 빽빽하게) 있어 주차할 곳이 없어요.

환경에 적응되어 살아가는 생물들

북극 지방은 대부분 얼음으로 뒤덮여 있어요. 겨울에는 기온이 영하 40도 아래로 내려가기도 하는 몹시 추운 곳이지요.

북극 지방에 사는 북극곰은 이런 환경에서 살기에 유리한 특징을 가지고 있어요. 빽빽하게 자란 털에, 피부 아래에는 두꺼운 지방층이 있어서 추위를 잘 견딜 수 있어요. 또 눈과 코를 빼고 온몸이 하얘서, 사방이 온통 흰색인 북극 지방에서 바다사자 같은 먹잇감에게 들키지 않고 가까이 접근해 사냥할 수 있지요.

이렇게 생물은 서식지에서 살기에 유리한 특징이 있어야 번식을 할 수 있는데, 특정한 서식지에서 오랜 기간에 걸쳐 살아남기에 유리한 특징이 자손에게 전달되는 것을 '적응'이라고 해요.

서식지마다 환경이 다르므로, 각 환경에 적응된 생물의 특징도 달라요. 서로 친척뻘인 생물도 서식지에 따라 다른 특징을 지니는데, 사막과 북극에 사는 두 여우가 그러해요. 사막여우는 귀가 아주 커서 뜨거운 사막에서 몸의 열을 빨리 식힐 수 있어요. 반대로 북극여우는 귀가 작아 북극 지방의 추위에 열을 덜 빼앗기도록 적응되었어요.

환경에 적응된 생물은 우리 주변에도 있어요. 대벌레가 나뭇가지처럼 생긴 것은 나뭇가지처럼 보여서 적의 눈에 띄지 않도록 적응된 것이고, 밤송이가 뾰족한 가시를 가진 것은 동물이 자신을 먹지 못하게 적응된 것이에요. 또 다람쥐나 뱀이 겨울잠을 자는 것도 계절에 따라 온도 변화가 큰 환경에 적응된 것이랍니다.

> 대벌레의 가늘고 길쭉한 생김새는 나뭇가지가 있는 곳에서 몸을 숨기기 좋게 적응된 거야.

▲ 나뭇가지처럼 보이는 대벌레

01 북극곰이 북극 지방에서 살기에 유리한 특징으로 <u>틀린</u> 것을 고르세요. (   )

① 털이 빽빽해요.   ② 피부 아래에 두꺼운 지방층이 있어요.

③ 귀가 아주 커요.   ④ 눈과 코를 빼고 온몸이 하얘요.

02 특정한 서식지에서 오랜 기간에 걸쳐 살아남기에 유리한 특징이 자손에게 전달되는 것을
무엇이라고 하는지 쓰세요.

03 어떤 동물의 특징인지 찾아 선으로 이으세요.

(1) 귀가 아주 커서 뜨거운
사막에서 몸의 열을 빨리
식힐 수 있어요.   •

• ㉠

사막여우

(2) 귀가 작아 북극 지방의
추위에 열을 덜 빼앗겨요.   •

• ㉡

북극여우

04 글을 읽고, 알맞은 말에 ○ 하세요.

(1) 대벌레가 (열매 | 나뭇가지)처럼 생긴 것은 적의 눈에 띄지 않게 적응된 것이에요.

(2) 밤송이가 (무늬 | 가시)를 가진 것은 동물이 먹지 못하게 적응된 것이에요.

(3) 다람쥐가 (겨울잠 | 낮잠)을 자는 것은 계절에 따라 온도 변화가 큰 환경에 적응된
것이에요.

구성원 어떤 조직이나 단체를 이루고 있는 사람들.

기후 기온, 비, 눈, 바람 등의 기상 상태.

멸종 생물의 한 종류가 지구에서 완전히 없어짐.

세대 부모가 속한 시대와 그 자녀가 속한 시대의 차이인 약 30년 정도 되는 기간.

운석 우주에서 지구의 대기권 안으로 들어와 다 타지 않고 땅에 떨어진 물질.

화석 연료 아주 옛날에 땅속에 묻힌 생물이 화석같이 굳어져 오늘날 연료로 이용하는 물질.

01 뜻에 알맞은 낱말이 되도록 **보기**에서 글자를 모두 찾아 빈칸에 쓰세요.

보기	운	기	구	후	세	성	석	대	원

(1) 우주에서 지구의 대기권 안으로 들어와 다 타지 않고 땅에 떨어진 물질.

(2) 부모가 속한 시대와 그 자녀가 속한 시대의 차이인 약 30년 정도 되는 기간.

(3) 기온, 비, 눈, 바람 등의 기상 상태.

(4) 어떤 조직이나 단체를 이루고 있는 사람들.

02 ( ) 안에서 알맞은 낱말을 골라 ○ 하세요.

(1) **화석 연료**   아주 옛날에 땅속에 묻힌 생물이 화석같이 굳어져 오늘날 (비료 | 연료)로 이용하는 물질.

(2) **멸종**   (생물 | 무생물)의 한 종류가 지구에서 완전히 없어짐.

03 밑줄 친 낱말을 바르게 사용한 친구를 모두 찾아 ○ 하세요.

우리 동아리는 **구성원**들끼리 사이가 좋아.

또띠

박물관에 가면 여러 가지 공룡 **운석**을 볼 수 있어.

빵이

봄과 여름에는 **기후** 변화가 심해.

소라

석유 같은 **화석 연료**를 많이 쓰면 환경이 오염돼.

롱이

동네에서 흔히 볼 수 있는 비둘기는 **멸종**된 동물이야.

꽈리

저 책은 한 **세대** 전인 엄마 어릴 때 만들어진 거래.

핫또야

환경 변화와 생태계

특정한 서식지에 적응되어 사는 생물들은 환경이 전혀 다른 서식지로 옮기면 살아가기 힘들어요. 북극곰은 사막에서 살 수 없고 사막여우는 북극 지방에서 살 수 없지요. 그런데 만약 서식지의 환경이 변하면 그곳에 살고 있는 생물들은 어떻게 될까요?

생물은 서식지의 환경 변화에 적응될 수 있어요. 그러려면 변화된 서식지의 환경에 맞게 생물의 생김새나 생활 방식 등이 변해야 해요. 하지만 생물의 변화는 갑자기 일어나지 않고, 여러 세대에 걸쳐 조금씩 일어나요. 생물은 아주 오랜 기간 동안 서서히 서식지의 환경에 적응되지요.

그런데 서식지의 환경이 급격하게 변하면 생물은 환경에 적응되지 못하고 멸종되어요. 여러 가지로 추측되고 있는 공룡 멸종의 원인 가운데 하나가 그런 경우예요. 약 6,500만 년 전, 커다란 운석이 우주에서 날아와 지구와 충돌하면서 갑작스러운 기후 변화가 일어났어요. 엄청난 먼지가 태양을 가려 지구의 기온이 내려가고 식물은 자라지 못했지요. 따뜻한 기후에 적응되어 살아가던 공룡들은 급격한 기후 변화에 적응되지 못하고 결국 멸종하고 말았다고 해요.

오늘날 북극곰도 지구의 급격한 기후 변화로 멸종 위기에 처했어요. 사람들이 화석 연료를 많이 사용하면서 배출한 온실가스가 지구에서 나가는 열을 막아 지구의 기온이 높아지고 있거든요. 이 때문에 북극해의 얼음이 녹으면서 북극곰의 서식지가 점점 사라지고 있어요. 변화가 너무 빨라 북극곰이 환경에 적응될 시간이 없어요.

북극곰의 위기는 곧 인간의 위기이기도 해요. 인간도 지구 생태계의 일부이며, 생태계의 구성원들은 서로 영향을 주고받으니까요.

오늘날 북극곰이 겪는 위기는 인간이 일으킨 환경 오염 때문이야.

▲ 서식지가 사라지고 있는 북극곰

01 서식지의 환경 변화와 생물의 적응에 대한 설명이 맞으면 ○, 틀리면 ✕ 하세요.

(1) 생물은 서식지의 환경 변화에 적응될 수 없어요.　　　　　　　　　(　　)

(2) 생물이 서식지의 환경 변화에 적응되려면 변화된 서식지의 환경에 맞게
생김새나 생활 방식 등이 변해야 해요.　　　　　　　　　　　　(　　)

(3) 생물의 변화는 한 세대를 지나는 동안 빠르게 일어나요.　　　　　(　　)

(4) 생물은 아주 오랜 기간 동안 서서히 서식지의 환경에 적응되어요.　(　　)

02 글을 읽고, 빈칸에 알맞은 말을 고르세요. (　　)

> 서식지의 환경이 급격하게 변하면
> 생물은 적응되지 못하고 ☐되어요.

① 부활　　　② 멸종

③ 변화　　　④ 진화

03 공룡의 멸종에 대한 글을 읽고, 알맞은 말에 ○ 하세요.

약 6,500만 년 전, 커다란 운석이 지구와 충돌하면서 갑작스러운 (먹이 | 기후)
변화가 일어났어요. 엄청난 먼지가 태양을 가려 지구의 기온이
(올라갔어요 | 내려갔어요). 그러면서 (추운 | 따뜻한) 기후에 적응되어 살아가던
공룡들은 결국 멸종하고 말았다고 해요.

04 오늘날의 환경 변화와 생태계에 대해 바르게 말한 친구를 찾아 ○ 하세요.

오늘날 북극곰은 지구의
급격한 기후 변화로
멸종 위기에 처했어.

핫또야

온실가스가 지구에서 나가는
열을 막으면서 지구의 기온이
점점 내려가고 있어.

롱이

북극곰의 위기는 인간과는
전혀 관계가 없어.

빵이

낱말에 알맞은 뜻을 찾아 빈칸에 번호를 쓰세요.

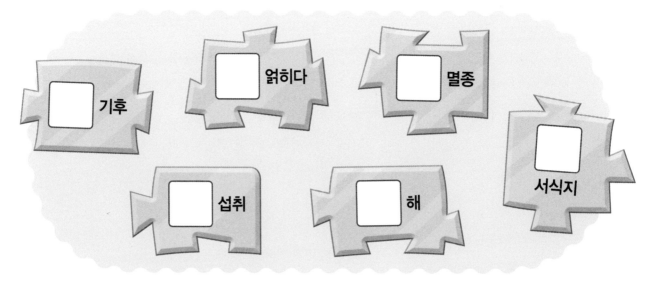

기후	얽히다	멸종
섭취	해	서식지

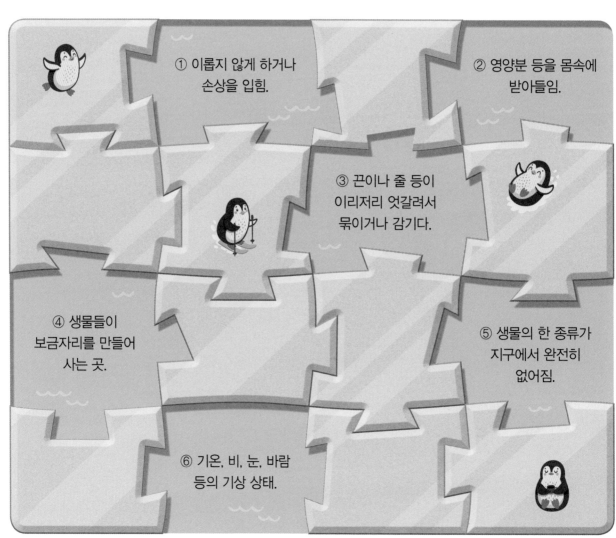

① 이롭지 않게 하거나 손상을 입힘.

② 영양분 등을 몸속에 받아들임.

③ 끈이나 줄 등이 이리저리 엇갈려서 묶이거나 감기다.

④ 생물들이 보금자리를 만들어 사는 곳.

⑤ 생물의 한 종류가 지구에서 완전히 없어짐.

⑥ 기온, 비, 눈, 바람 등의 기상 상태.

🔁 글의 내용이 맞으면 ○, 틀리면 ✕ 하세요.

버섯은 식물도 동물도
아닌 원생생물에 속해요.

세균은 세포 하나로
이루어진 생물이에요.

다른 생물을 먹이로
해서 양분을 얻는 생물을
생산자라고 해요.

생물 먹이 관계가 사슬처럼
연결되어 있는 것을
먹이 사슬이라고 해요.

다람쥐가 겨울잠을 자는
것은 적의 눈에 띄지
않도록 적응된 것이에요.

생물은 서식지의 환경에
아주 오랜 기간 동안
서서히 적응되어요.

4주 우리 몸

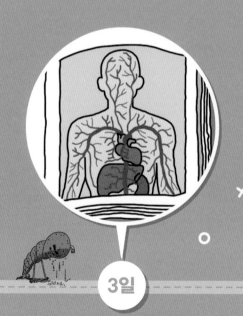

5일

어휘 | 감각, 결정, 명령, 반응, 판단, 해석
독해 | 자극과 반응

4일

어휘 | 거치다, 노폐물, 뿜다, 영양소, 콩팥, 혈액
독해 | 온몸을 돌고 도는 혈액

6일

복습
교과서 속 책 읽기

갈비뼈 가슴 부분에 있는 활 모양의 열두 쌍의 뼈.

골반 허리 아래와 엉덩이 부분을 이루고 있는 뼈.

맞닿다 마주 닿다.

부위 몸의 전체에서 어느 특정 부분이 있는 위치.

오그라들다 물체의 표면이 주름이 잡히면서 줄어들다.

힘줄 근육을 이루는 희고 질긴 살의 줄.

4주
1일

01 ( ) 안에서 알맞은 낱말을 골라 ○ 하세요.

(1) (**광대뼈** | **갈비뼈**) : 가슴 부분에 있는 활 모양의 열두 쌍의 뼈.

(2) 힘줄 : (**근육** | **혈액**)을 이루는 희고 질긴 살의 줄.

(3) (**맞닿다** | **맞서다**) : 마주 닿다.

(4) 골반 : 허리 아래와 엉덩이 부분을 이루고 있는 (**뼈** | **살**).

(5) (**비위** | **부위**) : 몸의 전체에서 어느 특정 부분이 있는 위치.

(6) (**오그라들다** | **수그러들다**) : 물체의 표면이 주름이 잡히면서 줄어들다.

02 밑줄 친 낱말이 바르게 쓰인 것을 모두 찾아 ✔ 하세요.

(1) 우리 집 **부위**에는 큰 공원이 있어요.

(2) 옷장과 **맞닿은** 벽에 곰팡이가 피었어요.

(3) 스웨터를 물에 빨았더니 **오그라들었어요**.

03 초성을 참고하여 빈 곳에 알맞은 낱말을 쓰세요.

(1) ㅎ ㅈ : 팔에 힘을 주자 _____ 이 튀어나왔어요.

(2) ㄱ ㅂ : 삐딱하게 앉으면 _____ 이 틀어질 수 있어요.

(3) ㄱ ㅂ ㅃ : 교통사고가 나서 _____ 에 금이 갔어요.

우리 몸을 움직이는 뼈와 근육

우리 몸을 군데군데 만져 보세요. 살 속으로 단단한 부분이 느껴지지요? 바로 우리 몸을 지탱하고 있는 뼈예요.

우리 몸에는 귓속에 있는 쌀알만큼 작은 등자뼈부터 골반과 무릎 사이에 있는 가장 큰 넓적다리뼈까지 모두 206개의 뼈가 있어요. 길쭉한 뼈, 동그란 뼈 등 다양한 모양의 뼈가 서로 연결되어 몸의 뼈대를 이루지요. 뼈와 뼈가 맞닿는 부위를 '관절'이라고 하는데, 이 관절 부위에는 인대가 있어 뼈가 서로 떨어지지 않게 붙잡아 주어요.

뼈는 우리 몸의 생김새를 만들고 몸을 지지하는 역할을 해요. 손은 손 모양으로, 발은 발 모양으로 연결된 뼈들로 이루어져 있으며, 몸이 무너져 내리지 않고 생김새를 유지하도록 하지요. 또 뼈는 몸의 다른 기관을 보호하는 역할도 하는데, 머리뼈는 뇌를 보호하고, 갈비뼈는 심장을 보호하는 등 우리 몸의 중요한 기관들이 다치지 않게 해 주어요.

우리 몸의 수많은 뼈가 움직이려면 근육이 있어야 해요. 근육은 뼈와 힘줄로 연결되어 있는데, 근육이 오그라들면서 뼈를 당기고 근육이 늘어나면서 당긴 뼈를 놓아서 몸을 움직이게 해요. 팔을 굽힐 때는 팔 안쪽 근육이 오그라들고 바깥쪽 근육은 늘어나면서 뼈가 당겨져요. 반대로 팔을 펼 때는 안쪽 근육은 늘어나고 바깥쪽 근육은 오그라들면서 당긴 뼈를 놓아 주지요.

이렇게 우리 몸속에서 움직임을 담당하는 뼈와 근육을 '운동 기관'이라고 해요. 눈을 깜빡이는 것부터 체조 선수의 놀라운 동작까지, 우리 몸의 움직임은 뼈와 근육의 작용으로 일어난답니다.

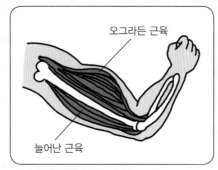

▲ 팔을 굽혔을 때

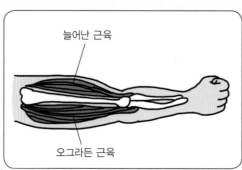

▲ 팔을 폈을 때

우리가 움직일 수 있는 것은 근육 덕분이야.

01 뼈에 대해 <u>틀리게</u> 말한 친구를 찾아 ○ 하세요.

우리 몸에는 모두 206개의
뼈가 있어.

꽈리

다양한 모양의 뼈는 서로
연결되어 있대.

소라

관절에 있는 근육이 뼈가 서로
떨어지지 않게 붙잡아 줘.

롱이

02 뼈에 대한 글을 읽고, 빈 곳에 알맞은 말을 쓰세요.

뼈는 우리 몸의 _____ 를 만들고, 몸을 지지하는 역할을 해요. 또 몸의

다른 기관을 _____ 하는 역할도 해요.

03 근육에 대한 설명이 맞으면 ○, 틀리면 ✕ 하세요.

(1) 우리 몸의 수많은 뼈가 움직이려면 근육이 있어야 해요.   (   )

(2) 근육은 뼈와 관절로 연결되어 있어요.   (   )

(3) 근육이 오그라들면서 뼈를 당기고, 근육이 늘어나면서 당긴 뼈를
놓아서 몸을 움직이게 해요.   (   )

(4) 팔을 굽힐 때는 팔 안쪽 근육은 늘어나고 바깥쪽 근육은 오그라들면서
뼈를 당겨요.   (   )

04 우리 몸속에서 움직임을 담당하는 뼈와 근육을 무엇이라고 하는지 쓰세요.

분비 세포에서 만들어진 액체를 세포 밖으로 내보내는 것.

수분 물건이나 물질에 들어 있는 물.

으깨다 굳은 물건이나 덩이로 된 물건을 눌러 찧거나 두드려 부스러뜨리다.

잘다 과일, 모래 등의 둥근 물건이나 글씨의 크기가 작다.

쪼개다 둘 이상으로 나누다.

폭 평면이나 넓은 물체의 가로 길이.

01 낱말과 그 뜻이 바르게 짝 지어진 것을 모두 찾아 ✔ 하세요.

(1) 쪼개다 – 둘 이상으로 나누다. ☐

(2) 폭 – 평면이나 좁은 물체의 세로 길이. ☐

(3) 분비 – 세포에서 만들어진 액체를 세포 밖으로 내보내는 것. ☐

(4) 잘다 – 과일, 모래 등의 둥근 물건이나 글씨의 크기가 크다. ☐

(5) 으깨다 – 굳은 물건이나 덩이로 된 물건을 눌러 찧거나 두드려 부스러뜨리다. ☐

(6) 수분 – 물건이나 물질에 들어 있는 가루. ☐

02 빈칸에 알맞은 낱말을 찾아 선으로 이으세요.

(1) 독을 가진 뱀은 이빨에서 독이 든 액체를 ☐해요. •

(2) 이 개울은 ☐이 좁아 단번에 뛰어넘을 수 있어요. •

(3) ☐을 충분히 섭취하면 피부가 촉촉해져요. •

• ㉠ 폭

• ㉡ 분비

• ㉢ 수분

03 빈 곳에 알맞은 낱말을 보기 에서 찾아 쓰세요.

보기
잘아서
으깨어
쪼개

(1) 공책의 글씨가 _____ 잘 보이지 않아요.

(2) 우리는 사과를 반으로 _____ 나누어 먹었어요.

(3) 엄마는 두부를 _____ 요리를 했어요.

우리가 먹은 음식물이 소화되기까지

우리는 살아가는 데 필요한 영양분을 음식물에서 얻어요. 우리 몸은 섭취한 음식물을 잘게 쪼개 흡수할 수 있는 형태로 분해하는데, 이 과정을 '소화'라고 해요.

우리 몸에서 소화가 처음 일어나는 곳은 입이에요. 음식물이 입에 들어오면 이가 음식물을 자르고, 찢고, 으깨어 잘게 부수어요. 여기에 침이 섞이면서 음식물이 촉촉하고 부드럽게 되어 삼킬 수 있게 되지요.

입에서 부수어진 음식물은 가늘고 긴 관 모양의 식도를 지나 위로 이동해요. 작은 자루처럼 생긴 위에서는 소화를 돕는 소화액이 나와요. 위는 꿈틀꿈틀 움직이면서 이 소화액과 음식물을 섞어 더 잘게 부수고 음식물을 죽처럼 만들어요.

위는 근육을 움직여 죽처럼 변한 음식물을 좁고 긴 관 모양의 작은창자로 보내요. 그러면 작은창자는 소화액을 분비해 음식물을 더 잘게 분해하고, 음식물에 들어 있는 영양소를 흡수하지요.

작은창자에서 영양소를 빼앗긴 음식물은 이제 큰창자로 이동해요. 큰창자도 관 모양이지만, 작은창자보다 폭은 넓고 길이는 짧아요. 큰창자가 운반된 음식물 찌꺼기의 수분을 흡수하고 나면, 나머지 소화되지 않은 음식물 찌꺼기들은 항문을 통해 몸 밖으로 배출되어요.

소화 과정에서 음식물이 지나가는 입, 식도, 위, 작은창자, 큰창자, 항문 등을 '소화 기관'이라고 해요. 이때 간, 쓸개, 이자 같은 기관이 소화를 돕는데, 위나 작은창자에서 분비되는 소화액을 만들고 저장하는 일을 한답니다.

소화는 입에서 시작되어 항문으로 음식물 찌꺼기가 나갈 때까지 계속되는구나.

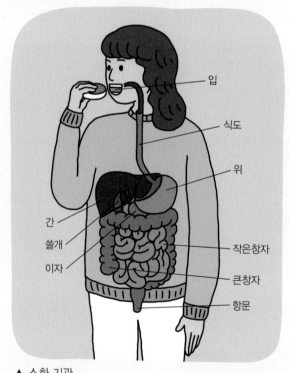

▲ 소화 기관

01 글을 읽고, 알맞은 말에 ○ 하세요.

> 우리 몸은 섭취한 음식물을 잘게 쪼개 흡수할 수 있는 형태로 분해하는데, 이 과정을
> (소화 | 배출)(이)라고 해요.

02 각 소화 기관이 하는 일을 찾아 선으로 이으세요.

(1) 큰창자 ·

(2) 위 ·

(3) 항문 ·

(4) 작은창자 ·

(5) 입 ·

(6) 식도 ·

· ㉠ 이로 음식물을 잘게 부수어요.

· ㉡ 음식물에 들어 있는 영양소를 흡수해요.

· ㉢ 음식물을 소화액과 섞어 죽처럼 만들어요.

· ㉣ 입에서 부수어진 음식물이 지나가요.

· ㉤ 음식물 찌꺼기들을 몸 밖으로 배출해요.

· ㉥ 음식물 찌꺼기의 수분을 흡수해요.

03 음식물이 소화되는 과정에 맞게 빈 곳에 알맞은 소화 기관의 이름을 쓰세요.

> 입 ➡ 식도 ➡ _____ ➡ 작은창자 ➡ _____ ➡ 항문

04 소화 기관에 대한 설명으로 맞는 것을 모두 고르세요. (,   )

① 음식물이 지나가는 입, 식도, 위, 작은창자, 큰창자, 항문 등을 말해요.

② 위는 작은 자루처럼 생겼어요.

③ 큰창자는 작은창자보다 폭도 넓고 길이도 길어요.

④ 간, 이자, 쓸개는 소화를 방해하는 기관이에요.

관여 어떤 일에 관계하여 참여함.

교환 무엇을 다른 것으로 바꿈.

막 표면을 덮고 있는 얇은 물질.

점액 생물체의 몸에서 나오는 끈끈한 성질을 가진 액체.

혈관 피가 흐르는 통로.

01 뜻에 알맞은 낱말이 되도록 글자를 모두 찾아 ○ 하세요.

(1) 생물체의 몸에서 나오는 끈끈한
성질을 가진 액체.
⌒⌒   토 점 질 액 수

(2) 피가 흐르는 통로.
⌒⌒   서 수 혈 액 관

(3) 어떤 일에 관계하여 참여함.
⌒⌒   관 찰 여 수 측

(4) 표면을 덮고 있는 얇은 물질.
⌒⌒   껍 피 막 데 서

(5) 무엇을 다른 것으로 바꿈.
⌒⌒   교 류 환 여 불

02 (   ) 안에 알맞은 낱말을 보기 에서 찾아 기호를 쓰세요.

보기
㉠ 판매
㉡ 관여
㉢ 교환
㉣ 관심

(1) 네가 산 신발을 다른 모양으로
(   )하는 게 어때?

(2) 내가 알아서 할 테니까
넌 (   )하지 마!

03 빈칸에 알맞은 낱말이 차례대로 묶인 것을 고르세요. (   )

• 달팽이가 끈끈한 ☐☐을 분비하며 기어가요.

• 양파에는 투명하고 미끈거리는 얇은 ☐☐이 있어요.

• 간호사가 팔의 ☐☐에 주사를 놓았어요.

① 점액 – 막 – 혈관   ② 점액 – 혈관 – 막

③ 혈관 – 막 – 점액   ④ 막 – 혈관 – 점액

우리 몸의 호흡 기관

생명체가 숨을 쉬는 것, 즉 공기를 들이마시고 내쉬는 활동을 '호흡'이라고 해요. 사람은 보통 하루에 약 2만 5,000번 호흡을 하는데, 이때 코, 기관, 기관지, 폐 같은 '호흡 기관'이 관여를 해요. 우리는 어떤 과정을 거쳐 호흡을 할까요?

우리가 숨을 들이마시면 공기가 코로 들어와요. 공기가 코를 통과할 때 콧속에 있는 수많은 털과 끈끈한 점액이 공기 속의 먼지를 걸러 내지요. 코에서 깨끗해진 공기는 코와 연결된 기관으로 들어가요. 기관은 공기가 이동하는 통로로, 관 모양이에요. 기관의 끝부분에는 기관지가 연결되어 있지요. 기관지는 좁은 관 모양으로, 나뭇가지처럼 갈라져 가슴 양쪽에 하나씩 있는 폐로 연결되어요.

기관과 기관지를 지난 공기는 폐 속의 폐포에 도달해요. 폐포는 얇은 막으로 된 아주 작은 공기주머니로, 우리 몸에 4억 개쯤 있어요. 각각의 폐포에서는 산소와 이산화 탄소의 교환이 이루어지는데, 폐포 속 공기에 있는 산소는 폐포에 연결된 혈관으로 스며들고, 몸에서 만들어져 혈관에 있던 이산화 탄소는 폐포 속 공기로 스며들어요. 이렇게 산소와 이산화 탄소의 교환이 끝나면, 폐포 속 공기에는 산소가 줄어들고 이산화 탄소가 늘어나요. 우리가 숨을 내쉬면 이산화 탄소를 많이 포함한 폐포 속 공기가 폐, 기관지, 기관, 코를 지나 몸 바깥으로 나오지요.

이렇게 사람이 호흡을 한다는 것은 산소를 받아들이고 이산화 탄소를 내보내는 것을 말해요. 우리 몸이 끊임없이 호흡하는 건 우리가 움직이거나 몸속 기관이 일하는 데 산소가 꼭 필요하기 때문이에요.

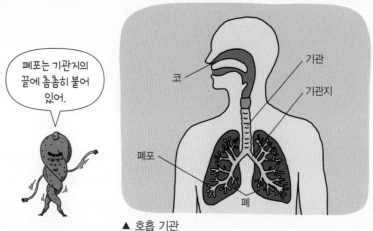

▲ 호흡 기관

01 생명체가 숨을 쉬는 것, 즉 공기를 들이마시고 내쉬는 활동을 무엇이라고 하는지 쓰세요.

02 (   ) 안에 알맞은 말을 보기에서 찾아 기호를 쓰세요.

보기   ㉠ 폐포   ㉡ 기관   ㉢ 점액

(1) 공기가 코를 통과할 때 콧속에 있는 털과 (   )이 먼지를 걸러 내.

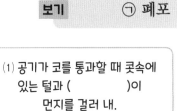

(2) (   )은 공기가 이동하는 통로로, 기관지와 연결되어 있어.

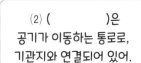

(3) (   )에서 산소와 이산화 탄소의 교환이 이루어져.

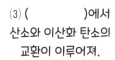

03 호흡을 할 때 몸속에서 공기가 지나가는 과정에 맞게 빈 곳에 알맞은 호흡 기관의 이름을 쓰세요.

(1) 숨을 들이마실 때: 코 ➡ _____ ➡ _____ ➡ 폐

(2) 숨을 내쉴 때: 폐 ➡ 기관지 ➡ _____ ➡ 코

04 호흡 기관을 모두 찾아 ⟳로 묶으세요.

코   기관   위

작은창자   기관지   폐

거치다 어떤 과정을 겪거나 단계를 밟다.

소리는 귓바퀴와 고막, 귓속뼈를 차례로 거쳐 달팽이관으로 전달돼.

그러면서 생긴 청각 자극이 뇌로 전달되어 소리가 들리는 거야.

귓바퀴

귓속뼈

뇌

따르릉!

고막   달팽이관

노폐물 생물의 몸 안에 생기는 필요 없는 찌꺼기.

운동을 2시간 넘게 하고 있네.

운동을 하면서 땀을 많이 흘리면 노폐물도 함께 나와서 피부가 좋아져.

피부가 뽀얘진 것 같아.

뿜다 속에 있는 기체나 액체 등을 밖으로 세게 밀어 내다.

일정한 간격을 두고 뜨거운 물을 뿜는 간헐천이야.

우아, 신기해! 분수 같아!

영양소 단백질, 비타민 등 생물의 성장과 에너지 공급을 위한 영양분이 들어 있는 물질.

뼈 성장에 좋은 영양소인 비타민 D를 만드는 중! 햇볕을 쬐면 만들어진대.

땡볕에서 뭐 하냐?

쑥쑥 자라라!

콩팥 혈액 속 노폐물을 걸러 내어 오줌을 만드는 일을 하는 기관.

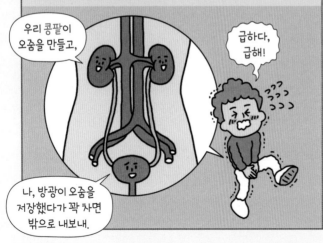

우리 콩팥이 오줌을 만들고,

급하다, 급해!

나, 방광이 오줌을 저장했다가 꽉 차면 밖으로 내보내.

혈액 혈관 속을 흐르고 있는 액체 상태의 조직.

건강 검진을 위해 혈액을 뽑는 중입니다. 아파도 조금만 참으세요.

악~!

01 뜻에 알맞은 낱말을 찾아 선으로 이으세요.

(1) 혈액 속 노폐물을 걸러 내어 오줌을 만드는 일을 하는 기관. ・　　　・ ㉠ **노폐물**

(2) 단백질, 비타민 등 생물의 성장과 에너지 공급을 위한 영양분이 들어 있는 물질. ・　　　・ ㉡ **혈액**

(3) 혈관 속을 흐르고 있는 액체 상태의 조직. ・　　　・ ㉢ **콩팥**

(4) 어떤 과정을 겪거나 단계를 밟다. ・　　　・ ㉣ **거치다**

(5) 생물의 몸 안에 생기는 필요 없는 찌꺼기. ・　　　・ ㉤ **뿜다**

(6) 속에 있는 기체나 액체 등을 밖으로 세게 밀어 내다. ・　　　・ ㉥ **영양소**

02 ☐☐ 안에서 알맞은 낱말을 골라 ○ 하세요.

(1) 문어가 먹물을 | 뿜으며 | 지르며 | 도망쳤어요.

(2) 학급 회의를 | 지나쳐 | 거쳐 | 교실에서 지켜야 할 규칙을 정했어요.

03 (　) 안에 알맞은 낱말을 보기 에서 찾아 기호를 쓰세요.

보기
㉠ **노폐물**
㉡ **혈액**
㉢ **영양소**
㉣ **콩팥**

(1) 오줌을 만드는 (　　　)은 우리 몸 양쪽에 하나씩 있어요.

(2) (　　　)은 혈관을 타고 온몸 구석구석을 흘러요.

(3) 우리 몸에 (　　　)이 많이 쌓이면 건강에 좋지 않아요.

(4) 이 음식에는 (　　　)가 골고루 들어 있어서 건강에 좋아요.

온몸을 돌고 도는 혈액

우리 몸의 모든 기관과 세포에는 영양소와 산소가 필요해요. 그래서 우리가 음식으로 얻은 영양소와 호흡으로 얻은 산소는 온몸으로 이동하지요. 몸속에서 영양소와 산소를 운반하는 일은 혈액이 담당해요.

심장이 혈액을 뿜으면, 혈액은 동맥을 따라 움직여요. 동맥은 심장에서 나온 혈액이 흐르는 혈관이에요. 동맥의 혈액은 온몸에 그물처럼 퍼져 있는 모세 혈관을 따라 흐르면서 세포들에 산소와 영양소를 전달하고, 세포들에서 생긴 이산화 탄소와 노폐물을 넘겨받아요. 이산화 탄소와 노폐물을 얻은 혈액은 정맥과 연결된 모세 혈관을 거쳐 정맥을 따라 심장으로 들어가요. 정맥은 혈액이 심장으로 들어가는 혈관이에요.

심장에는 우심방, 우심실, 좌심방, 좌심실이 있어요. 정맥으로 들어온 혈액은 우심방과 우심실을 거쳐 폐동맥을 따라 폐로 들어가요. 그리고는 혈액 속 이산화 탄소를 폐포 속 산소와 교환한 다음, 폐정맥을 따라 다시 심장으로 들어와요. 좌심방과 좌심실을 거쳐 심장 밖으로 나와 동맥을 따라 흐르지요. 혈액은 이러한 과정을 거쳐 '순환 기관'인 심장과 혈관을 통해 온몸을 순환해요. 그래서 혈액에는 늘 산소가 충분해요.

혈액 속 노폐물은 강낭콩처럼 생긴 콩팥이 걸러 내요. 걸러진 노폐물은 물과 섞여 방광에 있다가 몸 밖으로 나가는데, 이게 바로 오줌이에요. 이렇게 혈액에 섞인 노폐물을 몸 밖으로 내보내는 과정을 '배설'이라고 하고, 배설을 담당하는 콩팥과 방광을 '배설 기관'이라고 한답니다.

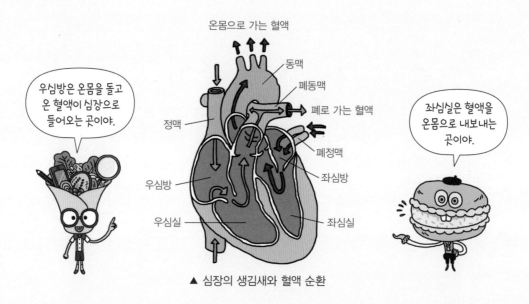

우심방은 온몸을 돌고 온 혈액이 심장으로 들어오는 곳이야.

좌심실은 혈액을 온몸으로 내보내는 곳이야.

온몸으로 가는 혈액

동맥
폐동맥
폐로 가는 혈액
폐정맥
좌심방
좌심실

정맥
우심방
우심실

▲ 심장의 생김새와 혈액 순환

01 글을 읽고, 빈 곳에 알맞은 말을 쓰세요.

> 몸속에서 영양소와 _____를 운반하는 일은 혈액이 담당해요. 혈액은 순환
>
> 기관인 _____과 혈관을 통해 온몸을 순환해요.

02 혈액과 순환 기관에 대한 설명으로 <u>틀린</u> 것을 고르세요. (　　　　)

① 동맥은 심장에서 나온 혈액이 흐르는 혈관이에요.

② 동맥의 혈액은 모세 혈관을 따라 흐르면서 세포들에 이산화 탄소와 노폐물을 전달해요.

③ 정맥은 혈액이 심장으로 들어가는 혈관이에요.

④ 심장에는 우심방, 우심실, 좌심방, 좌심실이 있어요.

03 정맥을 따라 심장으로 들어간 혈액이 다시 심장 밖으로 나와 동맥을 따라 흐를 때까지 거치는 기관의 이름을 빈 곳에 쓰세요.

> 우심방 ➡ _____ ➡ 폐동맥 ➡ _____ ➡ 폐정맥 ➡
>
> _____ ➡ _____

04 배설에 대한 설명이 맞으면 ○, 틀리면 ✕ 하세요.

⑴ 노폐물이 물과 섞여 콩팥에 있다가 몸 밖으로 나가는 것이 오줌이에요. (　　　　)

⑵ 혈액에 섞인 산소를 몸 밖으로 내보내는 과정을 '배설'이라고 해요. (　　　　)

⑶ 콩팥과 방광은 배설 기관이에요. (　　　　)

감각 눈, 코, 귀, 혀, 피부를 통하여 자극을 느낌.

결정 무엇을 어떻게 하기로 분명하게 정함.

명령 윗사람이나 상위 조직이 아랫사람이나 하위 조직에 무엇을 시킴.

반응 어떤 자극에 대하여 일정한 동작이나 태도를 보임.

판단 논리나 기준에 따라 어떠한 것에 대한 생각을 정함.

해석 사물이나 행위 등의 내용을 판단하고 이해하는 일.

01 뜻에 알맞은 낱말을 **보기** 에서 찾아 빈칸에 쓰세요.

| 보기 | 해석 | 명령 | 반응 | 결정 | 판단 | 감각 |

(1) 윗사람이나 상위 조직이 아랫사람이나 하위 조직에 무엇을 시킴. ┄┄┄ [ ]

(2) 어떤 자극에 대하여 일정한 동작이나 태도를 보임. ┄┄┄┄┄┄ [ ]

(3) 논리나 기준에 따라 어떠한 것에 대한 생각을 정함. ┄┄┄┄┄ [ ]

(4) 사물이나 행위 등의 내용을 판단하고 이해하는 일. ┄┄┄┄┄ [ ]

(5) 눈, 코, 귀, 혀, 피부를 통하여 자극을 느낌. ┄┄┄┄┄┄┄ [ ]

(6) 무엇을 어떻게 하기로 분명하게 정함. ┄┄┄┄┄┄┄┄┄ [ ]

02 빈칸에 알맞은 글자를 모두 찾아 ○ 하세요.

(1) 배 위에서 선원들은 모두 선장의 □□에
따랐어요.

| 발 | 명 | 령 | 예 |

(2) 추위에 발이 꽁꽁 얼어서 □□이 없어요.

| 감 | 정 | 성 | 각 |

03 밑줄 친 낱말을 바르게 사용한 친구를 모두 찾아 ○ 하세요.

생선 비린내가
코에 **반응**했어.
롱이

화단에 나무 대신
꽃을 심기로 **결정**했어.
빵이

나이테로 **판단**해 보니
이 나무는 나이가
열 살이 넘었어.
또띠

비가 많이 와서
오랜 가뭄이
해석되었어.
꽈리

자극과 반응

야구장에서 투수가 공을 던졌어요. 공이 낮게 날아오자, 포수가 글러브를 아래로 내려 공을 잡았어요. 투수의 공이 포수에게 도달할 때까지는 1초도 걸리지 않았어요.

이렇게 짧은 시간에 포수가 공의 높이를 판단하고 손을 움직여 공을 잡은 것은 우리 몸에 빠르게 작동하는 신경계가 있기 때문이에요. 신경계는 수많은 신경 세포가 연결된 몸속 기관으로, 온몸에 퍼져 있어요. 신경계가 어떻게 일하는지, 포수가 공을 잡는 상황을 예로 들어 살펴볼까요?

투수가 공을 던지면 포수가 낮게 날아오는 공을 봐요. 공으로부터 전달된 자극을 감각 기관인 눈이 받아들이지요. '자극'은 감각 기관에 영향을 미치는 외부 현상을 말해요. 자극은 자극을 전달하는 신경계를 통해 행동을 결정하는 신경계로 전달되어요. 행동을 결정하는 신경계는 자극을 해석하고 어떤 행동을 해야 할지 결정해서 명령을 내려요. 손을 아래로 내려 낮게 날아오는 공을 잡으라고 명령하는 것이지요. 이 명령은 명령을 전달하는 신경계를 통해 운동 기관으로 전달돼요. 그러면 운동 기관인 손의 뼈와 근육이 공을 잡는데, 이렇게 외부의 자극에 대해 어떤 현상이 일어나는 일을 '반응'이라고 해요.

신경계 중에서 행동을 결정하는 신경계는 뇌예요. 우리 몸에는 눈, 귀, 코, 혀, 피부 같은 '감각 기관'이 있는데, 이 감각 기관이 자극을 받아들여 뇌로 전달해요. 뇌는 끊임없이 밀려드는 자극을 해석해서 반응을 결정하느라 늘 바쁘게 일하지요. 뇌가 쓰는 에너지는 몸 전체가 쓰는 에너지의 5분의 1이 넘는답니다.

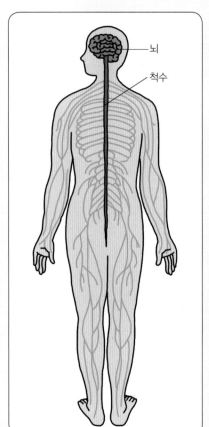

뇌

척수

▲ 신경계

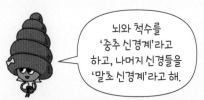

뇌와 척수를 '중추 신경계'라고 하고, 나머지 신경들을 '말초 신경계'라고 해.

01 빈칸에 공통으로 들어갈 알맞은 말에 ○ 하세요.

감각 기관

신경계

02 글을 읽고, 알맞은 말에 ○ 하세요.

> 감각 기관에 영향을 미치는 외부 현상을 (자극 | 신경)이라고 하고, 외부의 자극에
> 대해 어떤 현상이 일어나는 일을 (감각 | 반응)이라고 해요.

03 감각 기관이 받아들인 자극이 전달되고 반응하는 과정에 맞게 빈 곳에 알맞은 말을 **보기** 에서 찾아 쓰세요.

| 보기 | 행동 | 운동 | 자극 | 명령 |

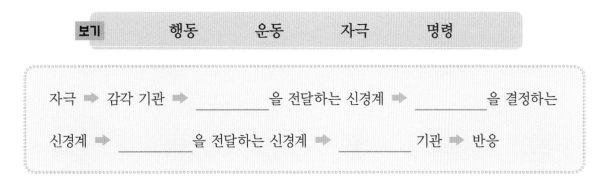

자극 ➡ 감각 기관 ➡ _____을 전달하는 신경계 ➡ _____을 결정하는

신경계 ➡ _____을 전달하는 신경계 ➡ _____ 기관 ➡ 반응

04 감각 기관을 모두 찾아 ○ 하세요.

> 눈   뼈   귀   코   근육   혀   피부   뇌

번호 순서대로 뜻에 알맞은 낱말을 찾아 길을 따라가세요. 그리고 길을 따라가면서 만난 글자를 차례대로 빈칸에 쓰세요.

❶ 근육을 이루는 희고 질긴 살의 줄.

❷ 세포에서 만들어진 액체를 세포 밖으로 내보내는 것.

❸ 물건이나 물질에 들어 있는 물.

❹ 피가 흐르는 통로.

❺ 혈관 속을 흐르고 있는 액체 상태의 조직.

❻ 눈, 코, 귀, 혀, 피부를 통하여 자극을 느낌.

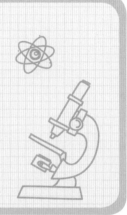

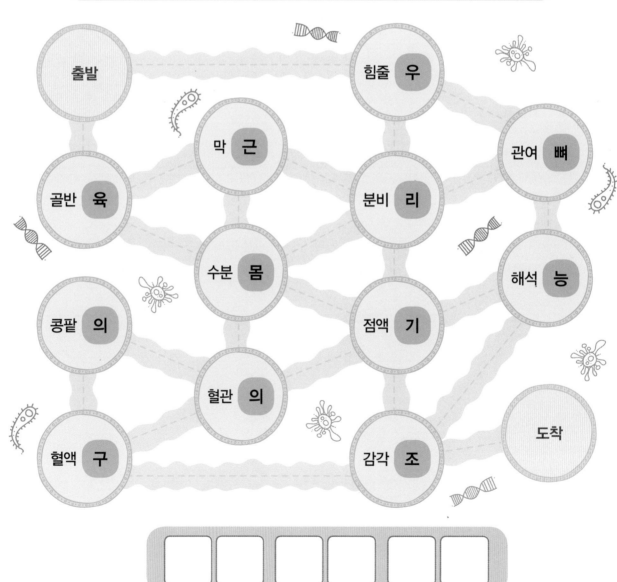

출발 · 힘줄 우 · 막 근 · 골반 육 · 관여 뼈 · 분비 리 · 수분 몸 · 해석 능 · 콩팥 의 · 점액 기 · 혈관 의 · 감각 조 · 도착 · 혈액 구

글의 내용이 맞으면 ○, 틀리면 ✕ 하세요. 그런 다음 빙고가 모두 몇 개 나왔는지 빈칸에 쓰세요.

뼈는 우리 몸의 생김새를 만들고 지지하는 역할을 해요.	우리 몸속에서 움직임을 담당하는 뼈와 근육을 운동 기관이라고 해요.	우리 몸에서 소화가 처음 일어나는 곳은 위예요.
작은창자는 운반된 음식물 찌꺼기의 수분을 흡수해요.	기관은 공기가 이동하는 통로로, 끝부분에는 기관지가 연결되어 있어요.	반응은 감각 기관에 영향을 미치는 외부 현상을 말해요.
정맥으로 들어온 혈액은 우심방과 우심실을 거쳐 폐동맥을 따라 폐로 들어가요.	강낭콩처럼 생긴 콩팥은 혈액 속 노폐물을 걸러 내요.	폐포에서 산소와 이산화 탄소의 교환이 이루어져요.

빙고는 가로, 세로, 대각선으로
○가 3개 연결되는 거야.

빙고 ☐ 개

생명의 그물을 함부로 끊지 말아요

미국의 그랜드 캐니언 북쪽에 있는 카이밥고원에는 1906년 약 4,000마리의 검은꼬리사슴들이 살고 있었어요. 이곳에서도 악당을 없애는 작업이 시작되어 25년 동안 퓨마, 늑대, 코요테, 스라소니 등이 무려 6,000마리나 사라졌어요. 포식 동물이 확 줄어들자 1923년에는 검은꼬리사슴이 6~7만 마리까지 늘어났어요. 그런데 어찌 된 일인지 그 뒤로는 사슴의 수가 갈수록 줄어들었어요. 1931년에는 2만 마리로, 1939년에는 1만 마리로······.

사슴은 왜 갑자기 늘어났다가 갑자기 줄어들었을까요? 사슴이 갑자기 늘어난 이유는 쉽게 짐작할 수 있을 거예요. 사슴을 잡아먹는 포식 동물이 사라졌으니 자연스럽게 사슴의 수가 늘어난 겁니다. 그럼 사슴은 왜 계속 늘지 않고 줄어들기 시작했을까요? 사슴이 너무 많아지자 먹이가 부족해졌기 때문이에요. 먹이가 모자라니 굶어 죽는 사슴이 늘어날밖에요. 굶주린 사슴들은 먹을 것을 찾다 찾다 식물의 어린싹까지 먹어 치웠어요. 식물이 제대로 자라지 못하면 먹을 것이 더 줄어들 텐데도 사슴들은 당장 주린 배를 채우는 게 급했어요.

인간은 늑대나 코요테 같은 악당이 없어지면 카이밥고원이 평화로운 낙원이 될 거라고 생각했어요. 그런데 그 예측은 보기 좋게 빗나갔어요. 사나운 포식 동물이 사라진 카이밥고원은 검은꼬리사슴들에게도 결코 살기 좋은 곳이 아니었어요. 늑대 같은 포식 동물이 있어서 검은꼬리사슴은 카이밥고원에서 굶어 죽지 않고 살아갈 만큼 적당한 수를 유지할 수 있었어요. 그런데 포식 동물이 사라지자 저희끼리 먹이를 두고 경쟁이 심해졌어요. 인간은 먹고 먹히는 자연의 세계에 끼어들어 그 질서를 마음대로 바꾸어 보려 했지만 결국 성공하지 못했어요.

최재천, 『생명, 알면 사랑하게 되지요』, 더큰아이

01 카이밥고원에서 일어난 일의 순서대로 기호를 쓰세요.

> ㉠ 사슴의 먹이가 부족해지면서 굶어 죽는 사슴이 늘어났어요.
> ㉡ 사슴의 수가 갑자기 늘어났어요.
> ㉢ 사슴을 잡아먹는 포식 동물이 확 줄어들었어요.

(㉢ → →)

02 악당이 없어진 카이밥고원은 어떻게 되었는지 알맞은 것을 고르세요. ( )

① 평화로운 낙원이 되었어요.

② 검은꼬리사슴들에게 살기 좋은 곳이 되었어요.

③ 검은꼬리사슴들끼리 먹이를 두고 경쟁이 심해졌어요.

④ 포식 동물들이 굶어 죽지 않게 되었어요.

03 글에서 알 수 있는 글쓴이의 생각은 무엇인지 알맞은 말에 ○ 하세요.

> 인간은 먹고 먹히는 자연의 세계에 끼어들어 그 질서를 마음대로 바꿀 수
> (있다 | 없다).

어휘 풀이

· **고원** 높은 데에 있는 넓은 벌판.
· **코요테** 갯과의 하나. 몸길이는 1미터 정도이며, 잿빛 갈색 또는 누런 갈색이다.
· **스라소니** 고양잇과 동물. 몸길이는 1미터 정도이며, 잿빛을 띤 갈색에 짙은 반점이 있다.
· **포식** 다른 동물을 잡아먹음.
· **주리다** 먹을 것을 제대로 먹지 못하거나 굶다.
· **낙원** 아무 걱정이나 고통 없이 행복하게 살 수 있는 곳.
· **예측** 앞으로의 일을 미리 추측함.

1일 어휘 (11쪽)

01 (1) 분류 (2) 삽 (3) 포식자 (4) 유지
(5) 겨울잠 (6) 갉다

02 (1), (4)

03 (1) 갉아 (2) 겨울잠

1일 독해 (13쪽)

01 ①, ③

02 (1) ㉠ (2) ㉡

03 땅강아지

04 (1) ○ (2) ○ (3) × (4) ○

2일 어휘 (15쪽)

01 (1) 허파 (2) 갯벌 (3) 물속 (4) 반대
(5) 곡선 (6) 빨아들임

02 (1) 곡, 선 (2) 저, 항

03 (1) 허파, 아가미 (2) 흡수 (3) 갯벌

2일 독해 (17쪽)

01 ④

02 아가미, 아가미, 산소

03 상어, 오징어, 조개, 게, 올챙이

04 꽈리, 빵이

3일 어휘 (19쪽)

01 (1), (2), (3)

02 소라, 핫또야

03 (1) ㉢ (2) ㉡ (3) ㉠

3일 독해 (21쪽)

01 (1) 기러기 (2) 두루미

02 가볍고, 빨리

03 ①, ③

04 (1) ○ (2) ○ (3) ×

4일 어휘 (23쪽)

01 (1) 허, 물 (2) 애, 벌, 레 (3) 쌍

02 (1) ○ (2) ○ (3) ×

03 (1) 허물 (2) 가려내었어요 (3) 쌍
(4) 애벌레 (5) 천적 (6) 보호색

4일 독해 (25쪽)

01 ①, ④

02 ㉢, ㉣, ㉠, ㉡

03 날개돋이

04 (1) 완전 (2) 불완전

5일 어휘 (27쪽)

01 (1) ㉣ (2) ㉢ (3) ㉤ (4) ㉥ (5) ㉠ (6) ㉡

02 (1) ㉡ (2) 빨리 (3) ㉠

03 (1) ㉠ (2) ㉢ (3) ㉡

5일 독해 (29쪽)

01 (1) 솜털 (2) 깃털 (3) 볏, 꽁지깃

02 ②, ④

03 핫또야

04 (1) ㉡, ㉢, ㉥ (2) ㉠, ㉣, ㉤

6일 복습 (30~31쪽)

① 천적
② 보호색
③ 부화
④ 허파
⑤ 저항
⑥ 허물
⑦ 덩치
⑧ 번식
⑨ 포식자
⑩ 분류

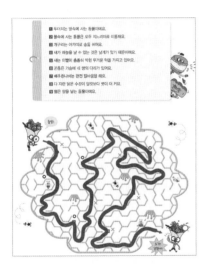

1일 어휘 (35쪽)

01 (1) 열매 (2) 성장 (3) 반복함 (4) 무성하다
(5) 빻다 (6) 나오거나

02 (1) ㄹ (2) ㄱ (3) ㄷ (4) ㄴ

03 (1) ㄴ (2) ㄹ

1일 독해 (37쪽)

01 물, 온도, 빛

02 ①, ④

03 ㄴ, ㅁ, ㄹ, ㄷ, ㄱ

04 (1) 한해살이 (2) 여러해살이

2일 어휘 (39쪽)

01 (1), (2), (6)

02 (1) 공중 (2) 부들 (3) 건조

03 (1) 박혀 (2) 껍질 (3) 잠기고

2일 독해 (41쪽)

01 핫또야, 소라

02 (1) ㄹ, ㅂ (2) ㄷ, ㅁ (3) ㄱ, ㅅ (4) ㄴ, ㅇ

03 ②, ③

04 (1) ㄴ (2) ㄱ

3일 어휘 (43쪽)

01 (1) 가, 닥 (2) 물, 관 (3) 기, 능 (4) 통, 로

02 (1) ○ (2) ✕

03 (1) 기능 (2) 통로 (3) 물관 (4) 관
(5) 지지 (6) 가닥

3일 독해 (45쪽)

01 ②

02 (1) ㉡ (2) ㉠ (3) ㉢

03 감는, 곧은, 기는

04 (1) ○ (2) ○ (3) ✕ (4) ✕

4일 어휘 (47쪽)

01 (1) ㉢ (2) ㉡ (3) ㉠

02 (1) 내보냄 (2) 생겨남 (3) 작음

03 (1), (2), (3), (5)

4일 독해 (49쪽)

01 ③

02 (1) 이산화 탄소 (2) 양분, 산소 (3) 체관

03 증산 작용

04 현민, 민규

5일 어휘 (51쪽)

01 (1) 퍼뜨리다 (2) 갈고리 (3) 이끌리다
(4) 수단 (5) 꽃가루

02 (1) 꽃, 가, 루 (2) 갈, 고, 리 (3) 수, 단

03 룽이

5일 독해 (53쪽)

01 곤충, 물, 바람, 새

02 ④

03 (1) ✕ (2) ○ (3) ○

04 (1) ㉢ (2) ㉣ (3) ㉠ (4) ㉡

6일 복습 (54~55쪽)

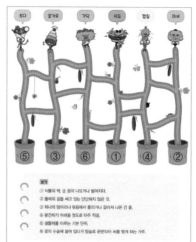

① 트다
② 껍질
③ 가닥
④ 미세
⑤ 세포
⑥ 꽃가루

교과서 속 책 읽기 (57쪽)

01 ③

02 개척

03 (1) ○ (2) ○ (3) ✕

1일 어휘 (61쪽)

01 (1) 해 (2) 도랑 (3) 나선 (4) 광합성
(5) 자손 (6) 맨눈

02 (1) 광, 합, 성 (2) 도, 랑 (3) 맨, 눈

03 (1) 나선 (2) 자손 (3) 해

1일 독해 (63쪽)

01 ②, ③

02 유글레나, 해캄, 아메바

03 (1) ○ (2) ✕ (3) ○ (4) ✕ (5) ✕

04 (1) ㉢, ㉺ (2) ㉠, ㉡, ㉣

2일 어휘 (65쪽)

01 (1) ○ (2) ✕ (3) ○ (4) ○ (5) ○ (6) ✕

02 (1) 형체 (2) 기준 (3) 분해

03 (1), (3)

2일 독해 (67쪽)

01 양분

02 (1) ㉡ (2) ㉢ (3) ㉠

03 ②

04 ㉢, ㉡, ㉣, ㉠

3일 어휘 (69쪽)

01 (1) 흉년 (2) 오지 않는 (3) 맺음 (4) 영향
(5) 쇠 (6) 얽히다

02 (1) ㉠ (2) ㉢ (3) ㉡

03 (1) ㉡ (2) ㉢ (3) ㉠

3일 독해 (71쪽)

01 먹이 사슬

02 사슬, 그물

03 늘어나고, 많이, 줄어들면, 늘어나

04 ③

4일 어휘 (73쪽)

01 (1) 지, 방, 층 (2) 서, 식, 지 (3) 북, 극

02 (1) ㉠ (2) ㉢ (3) ㉡

03 (1) 지방층 (2) 적응 (3) 서식지 (4) 영하
(5) 북극 (6) 빽빽하게

4일 독해 (75쪽)

01 ③

02 적응

03 (1) ㉠ (2) ㉡

04 (1) 나뭇가지 (2) 가시 (3) 겨울잠

5일 어휘 (77쪽)

01 (1) 운, 석 (2) 세, 대 (3) 기, 후
(4) 구, 성, 원

02 (1) 연료 (2) 생물

03 또띠, 소라, 롱이, 핫또야

5일 독해 (79쪽)

01 (1) ✕ (2) ○ (3) ✕ (4) ○

02 ②

03 기후, 내려갔어요, 따뜻한

04 핫또야

6일 복습 (80~81쪽)

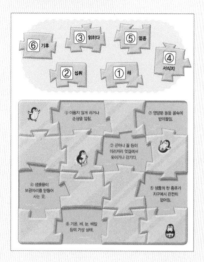

1일 어휘 (85쪽)

01 (1) 갈비뼈 (2) 근육 (3) 맞닿다 (4) 뼈
(5) 부위 (6) 오그라들다

02 (2), (3)

03 (1) 힘줄 (2) 골반 (3) 갈비뼈

1일 독해 (87쪽)

01 룽이

02 생김새, 보호

03 (1) ○ (2) × (3) ○ (4) ×

04 운동 기관

2일 어휘 (89쪽)

01 (1), (3), (5)

02 (1) ㄴ (2) ㄱ (3) ㄷ

03 (1) 잘아서 (2) 쪼개 (3) 으깨어

2일 독해 (91쪽)

01 소화

02 (1) ㅂ (2) ㄷ (3) ㅁ (4) ㄴ (5) ㄱ (6) ㄹ

03 위, 큰창자

04 ①, ②

3일 어휘 (93쪽)

01 (1) 점, 액 (2) 혈, 관 (3) 관, 여 (4) 막
(5) 교, 환

02 (1) ㄷ (2) ㄴ

03 ①

3일 독해 (95쪽)

01 호흡

02 (1) ㉢ (2) ㉡ (3) ㉠

03 (1) 기관, 기관지 (2) 기관

04 코, 기관, 기관지, 폐

4일 어휘 (97쪽)

01 (1) ㉢ (2) ㉥ (3) ㉡ (4) ㉣ (5) ㉠ (6) ㉤

02 (1) 뿜으며 (2) 거쳐

03 (1) ㉣ (2) ㉡ (3) ㉠ (4) ㉢

4일 독해 (99쪽)

01 산소, 심장

02 ②

03 우심실, 폐, 좌심방, 좌심실

04 (1) ✕ (2) ✕ (3) ○

5일 어휘 (101쪽)

01 (1) 명령 (2) 반응 (3) 판단 (4) 해석
　　(5) 감각 (6) 결정

02 (1) 명, 령 (2) 감, 각

03 빵이, 또띠

5일 독해 (103쪽)

01 신경계

02 자극, 반응

03 자극, 행동, 명령, 운동

04 눈, 귀, 코, 혀, 피부

6일 복습 (104~105쪽)

① 힘줄

② 분비

③ 수분

④ 혈관

⑤ 혈액

⑥ 감각

교과서 속 책 읽기 (107쪽)

01 ㉡, ㉠

02 ③

03 없다

메모장